En Défense de la Dignité Humaine

Une Perspective Catholique sur l'Identité du Genre, l'Avortement et le Relativisme

Essais informels sur la liberté d'expression
et de la religion, à l'idéologie du genre, à la sexualité et à l'avortement et à tout ce qui se trouve entre les deux.

Marie Brousseau, B.Sc.Bio, B.Ed.

En Route Books and Media, LLC
Saint Louis, MO

⊕ENROUTE
Make the time

En Route Books and Media, LLC
5705 Rhodes Avenue
Saint Louis, MO 63109

Crédit couverture : Sebastian Mahfood
Copyright © 2025 Marie Brousseau

ISBN-13 : 979-8-88870-448-6
Numéro de contrôle de la Bibliothèque du Congrès :
Disponible sur https://catalog.loc.gov

Aucune partie de cet ouvrage ne peut être reproduite, stockée dans un système de recherche, ni transmise sous quelque forme ou par quelque moyen que ce soit, électronique, mécanique, par photocopie ou autre, sans une autorisation écrite préalable de l'auteur.

Table des matières

Introduction 1

Chapitre 1 : Sur l'homosexualité et l'identité du genre 19

Chapitre 2 : Sur comment nous en sommes arrivés là 45

Chapitre 3 : Sur les premiers partisans de l'identité du genre 55

Chapitre 4 : Sur l'avortement 67

Chapitre 5 : Sur la liberté d'expression et les héros qui 83

Chapitre 6 : Sur la vérité, la foi et la raison 101

Chapitre 7 : Sur la science 113

Chapitre 8 : Sur le féminisme, l'éducation, ... 135

Chapitre 9 : Sur le catholicisme et la liberté de religion 155

Chapitre 10 : Sur les arts et les artistes 167

Chapitre 11 : Sur l'euthanasie et le suicide assisté, la mort et la souffrance 177

Conclusion 189

Introduction

Ce matin, j'entends la douce plainte de la tourterelle perchée sur le conduit d'air qui dépasse du toit de ma maison. Que déplore-t-elle aujourd'hui? Une nouvelle journée avec ses hauts et ses bas? N'est-ce pas le lot de chacun d'entre nous?

<u>Un autre jour, une autre controverse</u>

4 h 37

Je me réveille avant l'aube. Les oiseaux chantent déjà dehors, anticipant le lever du soleil. Je suppose qu'ils ont un sixième sens qui les alerte au nouveau jour, dès que les premiers rayons de notre astre lumineux se frayent un chemin au-dessus de l'horizon. J'ai entendu quelqu'un, quelque part, expliquer pourquoi les oiseaux remplissent l'air de leurs harmonies concertées: ils élèveraient leurs voix pour glorifier Dieu, dès le petit matin! Quelle belle pensée. La création de Dieu chantant l'office des laudes dès le levé du jour! Me réveiller chaque matin au son des louanges d'une chorale aviaire me remplit d'émerveillement.

5 h

Je sors du lit. Six heures de sommeil devraient suffire pour aujourd'hui. Je préfère de loin me lever et travailler sur mon ordinateur plutôt que d'essayer de rester endormie.

Je suis enseignante dans un lycée, que nous appelons communément *"le secondaire"* au Canada. De nos jours, l'ordinateur règne en maître dans les salles de classe et le téléphone cellulaire règne en maître dans la vie de nos jeunes.

Chaque jour, je dois faire face à des hordes d'adolescents qui ne s'intéressent qu'à une seule chose: leurs téléphones portables. C'est comme une extension de leurs mains, tant ils y sont attachés. Pourquoi le gouvernement n'a-t-il pas simplement interdit les téléphones dans les écoles? Cela dépasse l'entendement. Cette année, dans ma province, les téléphones sont enfin interdits dans les salles de classe, mais pas dans les établissements scolaires comme tel. C'est déjà un début. Je suis issue d'une génération où les cellulaires n'existaient même pas! D'une manière ou d'une autre, nous avons tous survécu aux années '80 et '90 sans nous encombrer d'un troisième appendice. Lorsque je traverse le couloir principal de l'école à midi, je vois des dizaines de jeunes assis les uns à côté des autres sur les gradins, chacun envoyant des textos à ses amis au lieu d'engager une conversation en face à face. Comment peuvent-ils acquérir des compétences sociales?

Le pire dans cette affaire sont les réseaux sociaux! C'est à peu près tout ce qu'ils suivent: TikTok ici, Instagram là, Facebook entre les deux, une pincée de X pour relever le tout, beaucoup de YouTube ajouté au mélange et, bien sûr, les jeux vidéo en ligne qui occupent au moins la moitié de leur temps. Ma persévérance dans l'enseignement aux adolescents témoigne de mon engagement envers notre avenir commun; ces élèves seront nos futurs médecins et avocats, infirmiers et enseignants, plombiers et électriciens et, espérons-le, nos futurs pères et mères.

Mais, peut-être bien que non. De nos jours, une grande partie de nos élèves sont sexuellement actifs, utilisent des contraceptifs et défendent le droit à l'avortement. De moins en moins de personnes veulent se marier, et encore moins fonder une famille. Ils veulent tous avoir des relations sexuelles, sans aucune contrainte. J'ai moi-même entendu des élèves de quinze ans affirmer, en salle de classe, devant tout le monde, qu'ils feraient ce qu'ils voudraient, quand ils voudraient et avec qui ils voudraient (j'omets les obscénités vulgaires avec lesquelles ils s'exprimaient).

Il n'est pas rare d'entendre des bribes de conversations entre des élèves de sexe féminin, comme, par exemple, lorsque je les entendais expliquer aux autres leur utilisation d'un dispositif intra-utérin (DIU). Au moins, certaines d'entre celles qui utilisaient des contraceptifs ne voulaient pas aller jusqu'à l'avortement, d'après ce que j'avais pu entendre depuis mon bureau situé à seulement deux mètres, tandis que d'autres affirmaient haut et fort que leurs propres droits l'emporteraient sur ceux d'un éventuel enfant dans leur ventre. Le comble de l'ironie est que cela s'était passé dans le cours de religion, en réponse à la doctrine morale de l'Église Catholique concernant la sexualité.

La plupart des élèves des écoles dites "catholiques" sont des baptisés qui, pour la plupart, ignorent l'enseignement de l'Église et la doctrine catholique. Par exemple, certains d'entre eux ne savent pas ce qu'est l'Eucharistie, affirmant qu'ils ont mangé ce pain au goût étrange une seule fois, lors de leur première communion, mais que personne ne leur avait expliqué ce que c'était et qu'ils ne l'ont jamais mangé depuis. Même mentalité envers la morale sexuelle.

Cette mentalité contraceptive a imprégné les jeunes esprits depuis six décennies. Le sexe récréatif *vs* le sexe procréatif. La libération des femmes. L'égalité. La liberté. «Mon corps, mon choix». L'amour libre. Tout le tralala. Essayez d'exprimer vos opinions traditionnelles sur l'amour, le sexe, le mariage et la procréation, et observez les réactions que votre position suscite chez vos adversaires. Pas de débat respectueux, pas de liberté d'expression, pas de « Je ne suis pas d'accord avec vos opinions, mais je respecte votre droit de les exprimer ».

Par exemple, selon une enseignante pro-choix de New York, c'était ses élèves pro-vie, qui se contentaient de préparer tranquillement leurs pancartes en défense du droit à la vie, qui « incitaient à la violence» contre les personnes pro-choix. L'enseignante en question a lancé des invectives aux étudiants et a détruit leurs pancartes pro-vie, démontrant ainsi son désir qu'ils n'expriment pas leurs opinions sur l'avortement.[1] Le fait que cette enseignante ait été relevée de ses

---

[1] National Catholic Register, Joe Bukuras/CNA/Education, 23 mai 2023 (ncregister.com), (https://www.ncregister.com/cna/new-york-professor-vandalizes-student-pro-life-display-and-chases-journalist-with-machete)

fonctions par l'université me donne l'espoir que certaines institutions croient encore en la défense du premier amendement de la Constitution américaine,[2] qui garantit la liberté d'expression.

Même si je suis Canadienne, j'aime suivre de près ce qui se passe aux États-Unis, car le Canada est un allié et un adepte de tout ce qui est américain. En général, la plupart de nos Chefs d'État ici au Canada tiennent le même discours que beaucoup de nos voisins du sud, à savoir la défense du « droit de choisir » des femmes. Choisir quoi ? Tuer un enfant sans défense? Jusqu'au moment de la naissance? Sans limites? De manière générale? C'est ahurissant! Oups! Excusez-moi, j'ai oublié: il n'est pas acceptable d'utiliser le mot « tuer »; il est beaucoup trop négatif et violent, sans parler du jugement qu'il implique, pour décrire une action qui est, après tout, légale! Je pense que l'euphémisme populaire du moment est « exercer son choix en matière de santé reproductive ». Cette version édulcorée de « tuer » est beaucoup plus acceptable. On ne ressent généralement aucun sentiment de culpabilité lorsqu'on exerce son choix en matière de santé, n'est-ce pas? Pourquoi les gens ne peuvent-ils pas simplement appeler un chat un chat?

Mes élèves s'intéressent naturellement à toutes les questions controversées. Par exemple, ils ont choisi à l'unanimité le sujet de

---

[2] whitehouse.gov (Le premier amendement stipule que le Congrès ne peut adopter aucune loi établissant une religion ou interdisant son libre exercice. Il protège la liberté d'expression, la liberté de la presse, la liberté de réunion et le droit de pétition auprès du gouvernement pour obtenir réparation en cas de griefs).

l'avortement pour leur cours de débat. Bien sûr, ils étaient tous du côté pro-choix; j'ai donc choisi d'être un « élève » lors de cet événement afin de leur montrer le protocole à suivre sur l'art du débat, et pour présenter sa position. Et, oui, j'ai choisi de représenter le côté pro-vie. Une erreur fatale de ma part. Peu de temps après, j'ai été convoqué au bureau de l'administration pour rendre compte de mes actions. Il m'a fallu quarante-cinq minutes pour me justifier.

Apparemment, les élèves auraient dû être préparés plusieurs semaines à l'avance, avec l'aide de psychologues chargés de guider l'ensemble de l'événement. Ces élèves ont-ils bénéficié des explications d'un psychologue sur les tenants et aboutissants des questions sexuelles et sur les effets émotionnels et psychologiques d'une vie sexuelle active, avec toutes les conséquences possibles, lorsqu'ils ont décidé de se lancer dans leurs premières expériences sexuelles? Je ne pense pas. D'après ce que j'ai entendu au fil des années, plusieurs jeunes filles obtiennent l'autorisation d'utiliser des méthodes contraceptives de leurs parents, qui ne veulent pas que celles-ci deviennent enceintes. J'ai entendu de nombreuses histoires de mères disant « tiens », tout en déposant la petite boîte ronde de pilules contraceptives dans la main de leur fille, dès que celle-ci commençait à s'intéresser aux garçons. La fille répondait alors, en souriant, « merci maman ». C'est tout! Ce n'est pas nouveau. Lorsque j'étais au secondaire, dans les années '80, plusieurs d'entre nous écoutaient d'autres filles se vanter que leur mère ou leur père voulait être informé lorsqu'elles décideraient d'avoir des relations sexuelles avec leur petit ami, afin d'aller chez le médecin et d'obtenir une ordonnance pour la pilule. Les jeunes filles nubiles nous souriaient alors, l'air satisfait, tandis que nous les regardions sans dire un mot.

Pour revenir à nos moutons, le sujet de l'avortement a été choisi par mes élèves pour le débat, ce qui est compréhensible, étant donné que certains des livres qu'ils doivent lire en classe traitent, d'une manière ou d'une autre, de questions sexuelles. De plus, ces adolescents sont déjà sexuellement actifs et utilisent déjà des moyens de contraception. S'ils sont jugés assez âgés et matures pour avoir des relations sexuelles et pour utiliser des moyens de contraception, ne sont-ils pas assez âgés et matures pour être informés sur ce qu'est exactement l'avortement?

En ce qui concerne le sujet de l'avortement lui-même, quel que soit le comportement sexuel actuel des élèves, je n'ai pas eu la présence d'esprit de faire valoir l'argument suivant pour me défendre: si le sujet est si tabou, cela signifie forcément qu'il y a quelque chose de mal qui doit être caché, sinon pourquoi en faire tout un mystère si c'était une si bonne chose? Le camp pro-choix admet donc implicitement qu'il y a effectivement quelque chose de mal dans l'avortement. Pourquoi ne pas laisser les élèves découvrir absolument tout ce qu'il y a à savoir sur l'avortement (comme pour n'importe quel autre sujet) et les laisser décider pour eux-mêmes si c'est bien ou mal?

Quoi qu'il en soit, vais-je bientôt me retrouver sans emploi? Jusqu'où cela ira-t-il? Tout cela parce que j'ai accordé à mes étudiants, et à moi-même, le droit d'exprimer librement nos opinions, dans le cadre d'un forum public tel qu'un débat. Je me demande si j'aurais subi cette opposition si j'avais défendu le camp pro-choix? Si ce n'est pas le cas, quelle hypocrisie totale. J'aurais probablement été félicité pour ma technique d'enseignement. Il suffit que le camp pro-choix fasse du bruit pour causer des problèmes au camp pro-vie. Bien sûr, après tout ce tapage, il va sans dire que je n'accepterai plus ce sujet (ni aucun autre sujet dit « brûlant ») à l'avenir pour le module de débat. Nous devrons nous contenter de discuter de sujets tels que quel animal fait le meilleur animal de compagnie: un chat ou un chien? Ou est-ce également trop controversé? Devrai-je me défendre contre les amoureux des chats/chiens partout dans le monde?

Une autre controverse qui reviendra sans aucun doute me tourmenter à l'avenir est le mouvement transgenre qui est mené dans nos écoles. Ce mouvement a été mené de manière agressive ces dernières années (à peu près au moment où la pandémie de COVID a pris fin dans les écoles). J'ai survécu aux quatre dernières années dans l'éducation essentiellement grâce à des stratégies de lâcheté, d'évitement et de retraite.

Oui, je l'admets. Je n'ai pas eu le courage de rester sur mes positions et de refuser de céder à l'obligation d'utiliser des «pronoms préférés». J'ai vraiment honte d'avoir laissé ma peur des représailles et de la publicité indésirable influencer ma décision de me conformer à l'obligation de ne pas « mal genrer » les étudiants et collègues transgenres. J'ai, en fait, appelé certaines de mes collègues biologiquement féminines « monsieur » et j'ai utilisé des pronoms masculins pour mes pauvres étudiantes submergées par cette question. Cela allait à l'encontre de mes convictions profondes, mais je me suis sentie contrainte de le faire en raison de l'obligation imposée par l'école et le conseil scolaire, et de la crainte de perdre mon emploi.

La crainte d'être arrêté par la loi, comme l'ont été certains parents dévoués et informés au Canada, m'a semblé insurmontable, et j'ai capitulé. Je peux vous assurer qu'il est très humiliant de devoir vivre avec son propre manque de courage. À un moment donné, j'ai dû assister à une présentation de deux heures donnée par un éducateur transgenre qui nous informait, nous, les « enseignants ignorants », de la terminologie correcte à utiliser lorsque nous parlons à des personnes transgenres ou que nous parlons à leur sujet. La présentation orale comprenait les définitions des innombrables genres et identités sexuelles que n'importe qui peut adopter n'importe quand, ainsi que la réaction que nous devrions avoir lorsque nous commettons l'« erreur » de mal identifier le genre d'une personne et comment réagir lorsque cette erreur nous est signalée.

Il est difficile de croire, et encore plus de comprendre, la décision du conseil scolaire d'inclure une telle présentation à l'école, dans le cadre d'une formation pédagogique professionnelle. Les enseignants ne devraient-ils pas recevoir une formation sur l'amélioration des techniques d'enseignement et sur la manière d'aborder les habitudes de travail des élèves? Ou encore, des ateliers sur les cours de mathématiques, de sciences et d'alphabétisation? J'étais assise au milieu de soixante-dix autres enseignants, écoutant leurs murmures d'approbation à chaque déclaration de l'orateur. Tout le monde autour de moi semblait être en total accord avec cette présentation. Puis, pour ajouter à ce spectacle déjà inhabituel, on nous a expliqué comment nous devions agir à l'avenir, lorsqu'on serait « corrigé» dans notre choix de mots. En effet, quelques semaines plus tard, une collègue transgenre m'a reproché d'avoir désigné une élève par le pronom « elle ». J'avais, sans le savoir, « mal genré » la jeune fille et la collègue m'a ordonné d'utiliser le pronom « il », en pointant son index de façon autoritaire vers mon visage. J'ai été tellement surprise que j'ai littéralement reculé de quelques pas, sous le choc, devant la véhémence de la réprimande. Même la douce enfant semblait mal à l'aise et m'a dit de ne pas m'inquiéter, qu'elle n'avait pas encore décidé quel genre elle voulait être. J'ai déduit de cet échange que ce sont les adultes qui imposent l'identité du genre à l'école, et non les élèves.

J'ai tenté, à deux ou trois reprises, d'aborder cette question avec la hiérarchie, mais, à chaque fois, l'administration m'a coupé la parole en me disant « nous ne parlerons pas de cela » ou « ils sont confus et cherchent leur identité/essaient de se trouver », me réduisant ainsi au silence. J'ai rapidement compris que je n'avais absolument aucun allié dans cette école et que j'étais entouré de flagorneurs qui s'alignaient sur la mentalité dominante de notre culture concernant tout ce qui touche à la cause LGBTQ2SI+. Et, soit dit en passant, il s'agit d'une école «catholique» qui affiche le drapeau arc-en-ciel à côté d'un immense crucifix dans son hall d'entrée, ainsi qu'un deuxième drapeau arc-en-ciel flottant haut sur le mât devant son entrée principale (contrairement à la demande expresse du diocèse de ne pas le faire).

J'ai choisi par la suite de prendre la solution de facilité; j'ai quitté l'école à la fin de l'année, refusant leur offre d'un poste garanti pour la nouvelle année scolaire. Je suis partie ailleurs, l'automne suivant. Qu'y ai-je trouvé? Un peu la même chose, mais de manière moins flagrante et moins provocante. D'après ce que je peux voir, l'ensemble des systèmes scolaires pour lesquelles j'ai oeuvrés, suivent plus ou moins l'agenda transgenre, ainsi que la mentalité de contraception et d'avortement, qui ruinent la société dans son ensemble.

La commission scolaire catholique de ma ville utilise une théologie déviante, soit celle de l'affichage des paroles mêmes de notre Seigneur et Sauveur Jésus Christ, « aimez-vous les uns les autres », comme devise, pour justifier son affirmation et sa promotion de toutes les questions LGBTQ+ , ainsi que les autres fausses « réalités » de notre société, telles que l'avortement. Elle omet naturellement toujours le reste des paroles de Jésus dans son exhortation à s'aimer les uns les autres: « *...comme je vous ai aimés* » (Jean 13: 34-35).

Nous sommes censés nous aimer les uns les autres comme le Christ nous a aimés: dans la vérité. Il a dit: « *Je suis le chemin, la vérité et la* vie » (Jean 14:6); c'est donc ainsi que nous devons nous aimer. Non pas en acceptant les mensonges, mais en proclamant, avec amour, la vérité. Il est courant dans de nombreux domaines de la société de déformer les Écritures pour justifier des aberrations, y compris chez de nombreux politiciens qui citent des passages de la Bible et utilisent d'une manière ou d'une autre ces citations bibliques pour justifier des actions telles que les « soins aux personnes transgenres » (c'est-à-dire les chirurgies irreversibles chez les mineurs) et les « soins de santé reproductive » (c'est-à-dire l'avortement).

Par exemple, il suffit d'écouter des personnalités éminentes telles que l'ancien président des États-Unis, Joe Biden, et l'ancienne présidente américaine de la Chambre des Représentants, Nancy Pelosi, qui se décrivent tous deux comme des catholiques pratiquants et fervents, établir sans honte des liens entre leur foi et leur soutien de l'avortement et des « droits » des transgenres. Et, au Canada, l'ancien Premier ministre catholique Justin Trudeau, régurgitait lui aussi cette rhétorique pro-choix. Le président Biden, lui, est allé jusqu'à faire le signe de croix lors d'un rassemblement pro-avortement en Floride, en avril 2024,[3] , ce qui lui a valu des critiques, compte tenu de la position sans équivoque de l'Église sur l'avortement.

Toutes ces mesures idéologiques sont d'ailleurs mises en place dans les écoles à l'insu des parents. Par exemple, les enfants peuvent être transgenres autant qu'ils le souhaitent à l'école et les parents n'ont aucune idée de ce qui se passe. J'ai vu ce phénomène de mes propres yeux. Cela se passe actuellement dans les écoles primaires et secondaires à travers le pays. Les autorités scolaires ne sont pas tenues d'informer les parents/tuteurs légaux d'un événement aussi important dans la vie de l'enfant. Nous, les enseignants, avons tous reçu la consigne de ne pas divulguer le « pronom préféré » d'un élève à ses parents, de peur qu'il ne subisse des abus à la maison en raison

---

[3] https://www.foxnews.com/politics/biden-makes-sign-of-the-cross-during-pro-abortion-speech-in-florida

de sa décision de s'identifier/se définir lui-même. On nous a aussi demandé d'appeler les élèves par leur prénom biologique lorsque nous communiquons avec leurs parents, mais de les appeler par le prénom/pronom qu'ils ont choisi dans le cadre scolaire. Ceci ressemble à un syndrome de personnalité multiple, sans parler de l'hypocrisie flagrante et du mensonge par omission. Lors d'une réunion du personnel, on nous a carrément demandé d'accepter d'emblée que les élèves de sexe masculin utilisent les toilettes de l'autre sexe, et vice-versa. On nous a dit sans détour que si cela nous posait un problème, nous aurions à suivre une formation afin de corriger notre façon erronée de penser. En d'autres mots, ce serait nous qui ferions obstacle à l'inclusivité, et on nous a dit que cela ne serait pas toléré.

Pour replacer cela dans son contexte, en 2023, un projet de loi avait été débattu en Californie, qui aurait inscrit dans la loi l'obligation pour les parents d'affirmer le choix de genre de leur enfant sous peine d'être accusés de maltraitance : « *En vertu du projet de loi 957 de l'Assemblée californienne... un parent pourrait perdre la garde de son enfant pour ne pas avoir « affirmé » ou accepté la revendication de son enfant concernant son identité de genre... Ce projet de loi érige en infraction pénale le fait de ne pas affirmer l'identité de son enfant.* »[4] Si une telle chose peut arriver aux parents, imaginez ce qui peut être fait à toute autre personne responsable d'enfants (par exemple, les enseignants).

---

[4] californiaglobe.com 17 juin 2023 (https://californiaglobe.com/articles/under-new-california-bill-parents-would-be-charged-with-child-abuse-for-not-affirming-transgenderism/)

Heureusement, « *le gouverneur de Californie, Gavin Newsom, a opposé son veto vendredi (29 septembre 2023) à une mesure de l'État qui aurait obligé les parents à « affirmer la transition de genre » de leurs enfants sous peine de perdre leur garde* ».[5] Cela dit, en juillet 2024, le gouverneur Newsom a signé un projet de loi « *interdisant aux écoles de mettre en œuvre des politiques exigeant que les parents soient informés si leur enfant demande à être identifié comme appartenant à un autre genre* ».[6] Cette mesure particulière a été la goutte d'eau qui a fait déborder le vase pour le milliardaire Elon Musk, qui a retiré ses entreprises (notamment SpaceX) de la Californie, en signe de protestation contre les droits anti-parentaux rigides mis en œuvre par le gouverneur Newsom.[7] Il faut espérer qu' à terme, les mères et les pères verront leurs droits parentaux rétablis afin de pouvoir élever leurs enfants sans entraves.

La même mentalité consistant à cacher des informations essentielles aux parents existe déjà pour les médicaments sur ordonnance; d'après ce que j'ai compris, dans certaines provinces du Canada, un enfant âgé d'à peine quatorze ans peut contacter un médecin pour obtenir n'importe quelle ordonnance sans que ses parents en soient informés et/ou donnent leur consentement. Cela peut se faire avec l'aide des autorités scolaires, qui disent à l'enfant que ses parents

---

[5]https://www.dailysignal.com/2023/09/25/newsom-vetoes-bill-requiring-california-parents-affirm-kids-gender-transitions

[6]https://www.dailysignal.com/2024/07/18/california-bans-policies-requiring-parents-be-notified-of-childs-pronoun-changes

[7]https://www.ndtv.com/world-news/elon-musk-to-move-companies-out-of-california-over-transgender-law-6121784

n'ont pas besoin d'être mis au courant. J'ai moi-même été témoin d'une telle situation et j'ai été très surprise. Lorsque j'ai osé poser une question, on m'a répondu que, légalement, cela était tout à fait possible.

Je suis toujours dans la position de peser constamment mes mots et de ne froisser personne, si je veux mener une vie tranquille sans être qualifié de bigot, d'homophobe, de transphobe, de partisan des discours haineux ou de tout autre qualificatif négatif et mensonger destiné à me réduire au silence. Et, en plus d'endurer cette situation dans mon emploi, je dois vivre avec ce silence imposé au sein même de ma propre famille. Dès que je commence à dire quelque chose qui ne correspond pas à leur façon de penser, que ce soit sur la religion, l'avortement, la sexualité ou la politique, je suis accueillie par un déluge d'arguments contradictoires bruyants (on me crie dessus) ou de sourires moqueurs (« tu ne crois pas vraiment ça, n'est-ce pas? » est une question qui m'est souvent posée, accompagnée d'un sourire condescendant). J'ai depuis pris la décision d'essayer de rester complètement silencieuse lors des réunions de famille et de me contenter d'afficher un sourire. Mais réussir à accomplir cet exploit de volonté est une autre histoire.

Ne vous méprenez pas, j'aime les gens. Oui, il y a des personnes homosexuelles dans mon entourage familial, à mon lieu de travail et parmi mes amis, et je les aime tous. J'accepterai sans problème une invitation à la fête d'anniversaire d'une personne homosexuelle, par exemple. Cependant, je n'accepterai pas une invitation à un mariage homosexuel, pour la simple raison que, même si j'apprécie ou j'aime beaucoup cette personne, je ne peux pas participer à un acte qui va à l'encontre de ce que je crois sincèrement être la vérité objective sur ce qu'est, et a toujours été, le mariage, depuis la nuit des temps. Cette croyance est ancrée dans mes convictions religieuses les plus profondes. Contrairement à ce que la plupart des gens pensent, il est possible d'aimer quelqu'un sans aimer ce qu'il fait, dit ou représente: aimez le pécheur, pas le péché. (Oups ! Je l'ai encore fait. J'ai utilisé un mot impopulaire: « péché ». Encore de la chair à canon pour les gardiens du politiquement correct. J'aimerais que George Carlin, humoriste américain irrévérencieux, sans tabous, soit encore parmi nous. Il se serait régalé avec toute cette foutaise euphémique et inclusive qu'on nous impose chaque jour).

Voici une autre chose que j'ai remarquée: le slogan « vivre et laisser vivre » d'antan a disparu depuis longtemps. Ce qui est imposé à la société aujourd'hui, c'est « approuvez ma façon de vivre, sinon je vous traiterai de bigot et de haineux ». Il s'agit là d'une pure tactique d'intimidation et d'une discrimination à l'envers. Pourquoi veulent-ils tant notre approbation et notre affirmation? Est-ce pour justifier leurs actions, dont ils savent au fond d'eux-mêmes qu'elles sont, oserais-je dire, un péché? Ne savent-ils pas que chaque être humain est appelé à la sainteté? Les homosexuels, tout comme les hétérosexuels (et tous ceux qui se situent entre les deux), sont censés mener une vie chaste, même si cela peut être difficile pour certains. Les personnes homosexuelles, tout comme les personnes hétérosexuelles, sont également appelées à une vie sexuelle bien ordonnée et intégrale. Puisque le mariage, selon notre foi catholique, signifie «

Introduction

l'union d'un homme et d'une femme, unis par les liens sacrés du mariage, ordonnée au bien des époux et à *la procréation* et à l'éducation des enfants » (cf. *GS* 48 ; CIC 1055), il n'est pas possible pour les homosexuels de se marier. Point final.

Alors, comment une femme catholique traditionnelle, raisonnable, quinquagénaire, qui croit en une vérité objective, peut-elle trouver sa place dans un monde qui semble déterminé à adopter un relativisme irrationnel et subjectif? Un relativisme subjectif qui a été si éloquemment décrit par l'un des plus grands esprits du XXe siècle, Joseph Cardinal Ratzinger (*alias* le pape Benoît XVI), en 2005, dans son homélie au conclave avant l'élection du nouveau pape, après la mort du pape Jean-Paul II:

> « *Combien de vents de doctrine avons-nous connus au cours des dernières décennies, combien de courants idéologiques, combien de façons de penser... La petite barque de la pensée de nombreux chrétiens a souvent été ballottée par ces vagues, projetée d'un extrême à l'autre: du marxisme au libéralisme, voire au libertinage; du collectivisme à l'individualisme radical; de l'athéisme à un vague mysticisme religieux; de l'agnosticisme au syncrétisme, etc... Chaque jour, de nouvelles sectes apparaissent, et ce que dit saint Paul à propos de la tromperie humaine et des ruses qui cherchent à induire les gens en erreur se réalise... Nous construisons une dictature du relativisme qui*

ne reconnaît rien comme définitif et dont le but ultime consiste uniquement en son propre ego et ses propres désirs. »[8]

Cette déclaration, et la multitude d'informations que j'ai recueillies sur toutes les questions importantes de notre époque, m'ont incité à coucher sur papier toutes mes opinions et réflexions. Peut-être que, quelqu'un, quelque part, sera intéressé par le point de vue d'une femme ordinaire, qui essaie de vivre sa vie en conformité avec la loi naturelle, également connue sous le nom de loi de Dieu, fondée sur la foi, la science et la raison, qui sont les fondements mêmes du catholicisme.

C'est donc avec amour dans mon cœur pour tous, et en toute humilité, que je vous propose ici une compilation d'essais d'opinion sur tous les sujets qui préoccupent le plus notre société moderne. Je ressens une motivation intérieure à écrire les pages suivantes pour défendre la vérité et la raison. J'espère que toute personne raisonnable, et en quête de vérité, indépendamment de sa foi, de ses croyances ou de sa philosophie personnelle, pourra respecter et méditer sur mes propos, sans recourir à des tactiques d'intimidation pour me faire taire et me priver de ma liberté d'expression.

---

[8] *National Catholic Reporter,* John Allen Jr. 16 septembre 2010 (https://www.ncronline.org/blogs/ncr-today/benedict-battles-dictatorship-relativism)

Chapitre 1

Sur l'homosexualité et l'identité du genre

Ô mon Dieu, vous qui êtes digne de tout amour, à cause de vos perfections infinies, je vous aime de tout mon coeur, et j'aime mon prochain comme moi même pour l'amour de vous. (Acte d'amour - prière catholique)

« Je vous donne un commandement nouveau : aimez-vous les uns les autres. Comme je vous ai aimés, vous aussi, aimez-vous les uns les autres. À ceci, tous reconnaîtront que vous êtes mes disciples, si vous avez de l'amour les uns pour les autres. » Jean 13: 34-35

Jésus répondit : « Je suis le chemin, la vérité et la vie. Nul ne vient au Père que par moi. » Jean 14:6

« Dieu créa l'homme à son image, il le créa à l'image de Dieu; il créa l'homme et la femme. » Genèse 1:27

Un de mes amis homosexuels m'a dit un jour qu'il ne comprenait absolument pas le mouvement transgenre. Beaucoup de membres de la communauté LGB ont le sentiment que la communauté transgenre a détourné leur plateforme pour servir ses propres intérêts.[1] Au Royaume-Uni, nombreux sont ceux qui réclament aujourd'hui

---

[1] Piers Morgan Uncensored https://www.youtube.com/watch?v=H-6keVsIOjo

la suppression de la lettre « T » dans leur acronyme. Bev Jackson, fondatrice de *LGB Alliance* au Royaume-Uni, se demande pourquoi la lettre « T » a été ajoutée à l'acronyme (en 2015, au Royaume-Uni). Elle explique que les personnes LGB sont des femmes attirées sexuellement par d'autres femmes, des hommes attirés sexuellement par d'autres hommes et des personnes bisexuelles attirées à la fois par les hommes et les femmes ; elle précise clairement qu'elles reconnaissent les « relations » entre hommes et femmes, alors que le « T », et toutes les autres lettres ajoutées (QIS2+), concernent principalement l'« identité » et non les « relations ».[2] Selon Mme Jackson, aucune lesbienne ni aucun gay n'a été consulté à l'époque au sujet de l'ajout de l'initiale de la communauté transgenre à l'acronyme LGB. Elle affirme également avec courage que les femmes ne peuvent pas devenir des hommes et que les hommes ne peuvent pas devenir des femmes. Elle soutient que personne ne devrait enseigner aux enfants la fausse idée selon laquelle ils peuvent changer de sexe ; cela reviendrait à leur enseigner qu'ils peuvent voler. S'ils sautent par la fenêtre en croyant pouvoir voler, ils découvriront rapidement la douloureuse vérité.[3]

Il existe actuellement un groupe ouvertement gay appelé *Gays Against Groomers*, fondé par la militante gay Jaimee Michell, une lesbienne profondément préoccupée par la sécurité et le bien-être des enfants : *« Michell souligne également la nature expérimentale des « soins d'affirmation du genre », un terme euphémique désignant les interventions médicales visant à forcer un homme à apparaître*

---

[2] Ibid.
[3] Ibid.

comme une femme ou vice versa. Ces interventions entravent le développement naturel, peuvent rendre les patients stériles et ont été associées à des cas de cancer du foie chez les adolescents. Les « soins d'affirmation du genre » visent à traiter la détresse psychologique — le sentiment d'identification à un genre opposé à son sexe — par des modifications corporelles plutôt que par une thérapie. » [4] *Gays Against Groomers* est qualifié de groupe anti-LGBTQ+ parce qu'il n'adhère pas au programme de transition promu par la culture. Madame Michell a accordé une interview à *The Daily Signal*[5], un organisme d'information multimédia, lors de la convention républicaine de 2024. Elle explique comment le SPLC, Southern Poverty Law Center, a qualifié son groupe ouvertement LGBTQ de « groupe haineux anti-LGBTQ ». À propos de cette classification du SPLC, elle déclare : « *Il nous classe comme un groupe haineux anti-LGBTQ, ce qui est tout à fait ironique et ridicule, car tous les membres de notre organisation sont gays et nous comptons même quelques personnes transgenres.* »[6] Le SPLC n'est pas le seul à s'en prendre au groupe de Mme Michell; l'*Anti-Defamation League* et d'autres organisations libérales « *nous ont qualifiés d'anti-nous-mêmes, simplement parce que nous nous exprimons et voulons protéger les enfants* ».[7] Le harcèlement et

---

[4] https://www.dailysignal.com/2024/07/29/splc-labeled-us-anti-ourselves-gays-against-groomers-founder-reacts-hate-group-smear

[5] https://www.dailysignal.com/

[6] https://www.dailysignal.com/2024/07/29/splc-labeled-us-anti-ourselves-gays-against-groomers-founder-reacts-hate-group-smear

[7] Ibid.

la discrimination dont Mme Michell et son groupe sont victimes démontrent la campagne agressive menée contre le bon sens dans notre société.

Une autre personne bien intentionnée en cette ère des « droits des homosexuels » et de « l'acceptation des LGBTQ+ » est Anna Catherine Howell, une catholique attirée par les personnes du même sexe, qui s'est prononcée contre la « messe de la fierté » dans l'archidiocèse de Washington (16 juin 2023) et a pris la défense de l'enseignement de l'Église.[8] Elle a honnêtement mis en lumière les difficultés rencontrées par les chrétiens attirés par le même sexe qui souhaitent vivre en accord avec les enseignements de l'Église. Comme l'a déclaré Mme Howell dans un tweet adressé en juin 2023 à l'archevêque de l'époque, de l'archidiocèse de Washington, le cardinal Wilton Gregory : « *Nous ne sommes pas « LGBTQ ». Notre attirance est une chose que nous ressentons, pas une identité qui nous définit. La majorité des catholiques fidèles attirés par le même sexe avec lesquels j'ai discuté préfèrent dire que nous avons ou que nous éprouvons une attirance pour le même sexe, plutôt que de dire que nous sommes gays, lesbiennes ou bisexuels. C'est le Père du mensonge, l'Accusateur, qui insiste pour nous appeler par nos péchés. Notre Père céleste qui nous aime nous appelle par notre nom. Nous ne voulons pas être identifiés par nos pulsions désordonnées ni célébrer nos péchés passés. C'est ce*

---

[8] CatholicNewsAgency.com/news/254590/why-a-same-sex-attracted-Catholic-spoke-out-against-pride-mass-and-in-defense-of-church-teaching

Chapitre 1 : Sur l'homosexualité et l'identité du genre   23

que fait la Pride. »⁹ Elle a ensuite tweeté sur son compte Twitter (aujourd'hui connu sous le nom de *X*) : « *Si vous souffrez de jalousie chronique, d'agressivité au volant, d'une envie irrépressible de tromper votre conjoint, etc., est-ce que cela définit qui vous êtes? Devrions-nous créer un drapeau spécial pour vous? Une parade? Ou s'agit-il simplement d'impulsions contre lesquelles vous luttez?* »¹⁰ Cette dernière déclaration de Mme Howell m'amène à poser la question suivante: pourquoi cette partie spécifique de la communauté a-t-elle son propre drapeau? Le drapeau d'une nation n'inclut-il pas chaque citoyen? Le drapeau américain ou le drapeau canadien ne suffisent-ils pas? Pourquoi une portion d'une nation devrait-elle avoir un drapeau qui la représente alors qu'aucun autre groupe en a? Devrais-je avoir mon propre drapeau? Que diriez-vous d'un drapeau représentant une femme blanche, hétérosexuelle, quinquagénaire, catholique pratiquante, canadienne, mariée, sans enfant, femelle biologique, pro-vie, pro-science, pro-anatomie, pro-raison et enseignante? Peut-être devrais-je concevoir un tel drapeau, rassembler d'autres enseignantes blanches, hétérosexuelles, quinquagénaires, catholiques pratiquantes, canadiennes, mariées, sans enfant, femelles biologiques et pro-vie, et demander au gouvernement de reconnaître notre groupe minoritaire. Nous savons tous que ma demande serait catégoriquement rejetée. Mais qu'en est-il de mes droits en tant que femme blanche, hétérosexuelle, quinquagénaire, catholique pratiquante, canadienne, mariée, sans enfant, femelle biologique et enseignante pro-vie? C'est là que réside l'ironie: presque tous ceux qui sont considérés comme faisant partie d'un groupe des « questions

---

⁹ Ibid.
¹⁰ Tweet @RCAnnaKate

brûlantes » obtiennent la reconnaissance qu'ils recherchent, tandis que les soi-disant « conservateurs » sont réduits au silence. Donc, non, je ne demanderai pas mon propre drapeau, en raison de mon conservatisme. Maintenant, si je décidais soudainement demain que je suis transgenre, athée, pro-choix, féministe, bisexuelle et tout autre élément considéré comme « sujet brûlant », j'aurais de bonnes chances, dans le contexte social actuel, d'être reconnue et d'obtenir à peu près n'importe quel drapeau que je voudrais.

En ce qui concerne les drapeaux, il y a quelque temps, la communauté LGB a décidé de s'approprier le symbole judéo-chrétien universel de la promesse faite par Dieu à Noé de ne plus jamais envoyer de déluge pour anéantir l'humanité: un incroyable kaléidoscope de couleurs dans le ciel, l'arc-en-ciel. Contempler cette merveilleuse myriade céleste de rouge, orange, jaune, vert, bleu, indigo et violet remplit l'observateur d'émerveillement, quel que soit l'âge. Bon, d'accord, l'arc-en-ciel est désormais un symbole de la fierté gay (la « fierté » étant d'ailleurs l'un des sept péchés capitaux). Depuis que le cercle LGB a décidé d'adopter l'arc-en-ciel comme étendard, la symbolique de cet arc-en-ciel ne fait plus débat. Je ne souhaite en aucun cas nuire à cette communauté d'aucune façon. En même temps, je ne souhaite pas promouvoir la cause gay en adoptant un symbole gay; je laisse cela à la communauté gay. Il y a quelques années, j'ai discrètement retiré l'autocollant aux couleurs de l'arc-en-ciel qui nous avait été imposé et qui ornait mon ordinateur de travail à l'école, sans dire un mot. Il semble que personne n'ait remarqué mon absence d'« allié visuel ». Il en va de même chez moi; je ne garde volontairement aucun symbole aux couleurs de l'arc-en-ciel, aussi décoratif ou pratique que soit l'objet. Si je le faisais, je vivrais en fait dans le mensonge. La plupart des magasins connus où je fais mes achats ont d'énormes présentoirs arc-en-ciel dans leurs allées et leurs vitrines. Beaucoup de ces présentoirs sont en fait destinés aux enfants. La société prépare en effet les enfants à être élevés dans la contagion culturelle actuelle du transgenre et de tout ce qui touche à la communauté LGB (LGBTQ2S+…). Les enfants sont naturellement attirés par les belles couleurs pastel et les arcs-en-ciel; il est donc assez facile de les endoctriner dès le berceau avec le programme LGBTQ. J'ai vu un jour un bébé de six mois dans les bras de sa mère, vêtu de vêtements LGBT, qui avaient manifestement été achetés par la jeune mère qui le tenait dans ses bras. Cet enfant grandira dans la culture dominante dans laquelle il vit. Cet enfant sera amené à croire que les relations sexuelles anales entre hommes sont normales et bonnes. Cet enfant sera élevé dans la croyance erronée que le plaisir sexuel lesbienne est quelque chose de pur et de beau. Cet enfant apprendra que l'identité sexuelle est subjective. Cet enfant apprendra à nier la science et l'anatomie. Cet enfant utilisera des expressions telles que « sexe assigné à la naissance », ce qui est une fausseté. Le sexe n'est jamais « assigné » ; il est scientifiquement observé et déterminé en fonction des organes génitaux du nouveau-né. Les caractéristiques sexuelles sont binaires et observables. Pour une société qui, pendant des décennies, a accusé les religions de mépriser la science et de s'accrocher à des croyances religieuses, elle est aujourd'hui, ironiquement, la première à nier la réalité scientifique, génétique, anatomique et biologique des hommes et des femmes. La subjectivité aveugle de la société actuelle contredit toutes les données génétiques et scientifiques afin de réinventer les distinctions sexuelles telles que nous les connaissons. Il s'agit d'une nouvelle forme d'esclavage à la rhétorique culturelle véhiculée par une élite dictatoriale bruyante et autoritaire, se posant en défenseurs de la justice et de l'égalité. La prochaine génération est conditionnée par cette contagion sociale, au point d'affirmer sans vergogne que Dieu a tort et qu'il commet des erreurs.

Pour ma part, je veux vivre en conformité avec mes convictions, qui sont fondées sur l'enseignement moral de l'Église catholique. Je ne cautionnerai, ni ne défendrai, la fierté des actes homosexuels (ou tout autre acte contraire aux commandements de Dieu), même si j'ai dans mon cœur de l'amour et de la compassion pour toutes les personnes. L'Église condamne les actes de haine, de violence ou d'agression contre quiconque, y compris contre les personnes homosexuelles et dites transgenres. Cela dit, même si nous ne condamnons pas les personnes homosexuelles ou transgenres, nous ne sommes pas appelés à tolérer, à promouvoir, à affirmer ou à approuver tout ce qui va à l'encontre de nos convictions. C'est là que réside le fondement de la liberté de religion et de la liberté d'expression. Cela fonctionne dans les deux sens. Par exemple, les gens ont la liberté de ne pas être d'accord avec ma croyance selon laquelle un homme est un homme et une femme est une femme, et je devrais réciproquement avoir la liberté de ne pas être d'accord avec la croyance de quelqu'un selon laquelle un homme peut devenir une femme et une femme peut devenir un homme. Me réprimander pour mes croyances constitue une violation directe de ma liberté d'expression et, dans mon cas, une violation directe de ma liberté de religion, car je crois fermement que Dieu nous a créés hommes et femmes et que ces deux sexes sont différents et se complètent.

Aujourd'hui, beaucoup de gens affirment que l'Église catholique est « contre » les personnes homosexuelles. C'est catégoriquement faux. La sainteté et le chemin vers la sainteté sont accessibles à tous. Nous sommes tous appelés à la sainteté, et c'est précisément ce que l'apostolat catholique COURAGE s'efforce d'enseigner à ses membres. En 1980, un prêtre catholique du nom de John Harvey a fondé COURAGE à la demande de Son Éminence, le cardinal Terence Cooke, alors archevêque de New York. Le cardinal souhaitait apporter une aide pastorale aux membres de son troupeau qui éprouvaient des attirances pour le même sexe, mais qui voulaient néanmoins vivre en conformité avec les enseignements de l'Église sur l'homosexualité et mener une vie chaste. Ce programme d'aide était un moyen concret d'aborder cette question. Le Saint-Siège, sous le pontificat du pape Saint Jean-Paul II, a approuvé cette initiative en 1994. Le statut canonique a été accordé en 2016, ce qui en fait le seul apostolat de ce type approuvé par le droit canonique.[11] Les enseignements moraux de l'Église doivent toujours être transmis dans la vérité et l'amour; il ne doit y avoir aucune condamnation de la prédilection d'une personne pour certains comportements. C'est exactement ce que cet apostolat tente de réaliser à travers son ministère : « *Depuis le début, Courage a expliqué avec sincérité et une grande compassion les enseignements de l'Église, en veillant à parler positivement de l'amour de Dieu pour ses enfants bien-aimés et de son*

---

[11] https://www.Catholicnewsagency.com/news/258771/Catholic-same-sex-attraction-support-ministry-courage-conference

désir que chacun d'entre eux remplisse un rôle unique dans son plan de salut . Dieu ne se soucie pas de l'orientation, il se soucie de la sainteté. Dieu ne demande pas la perfection immédiate, il nous demande de grandir chaque jour dans la sainteté. »[12] La méthode utilisée pour atteindre la sainteté pour les personnes attirées par le même sexe consiste à mettre l'accent sur une vie chaste et à promouvoir une vie consacrée au Christ. COURAGE encourage également un esprit de fraternité et des liens solides d'amitié sincère et pure. Cet apostolat adhère au Catéchisme catholique (CCC, 2358)[13] qui appelle au « respect, à la compassion et à la sensibilité » envers les personnes attirées par le même sexe. En plus de COURAGE, les familles et les amis peuvent bénéficier de ENCOURAGE, une extension de COURAGE, qui les aide à faire face à la réalité des défis auxquels sont confrontés leurs proches qui tentent de mener une vie chaste. Il existe aujourd'hui 175 branches de COURAGE et 75 branches de ENCOURAGE à travers le monde[14], qui aident avec amour, compassion et la vérité de l'Évangile, des milliers de personnes aux prises avec des attirances pour le même sexe, qui veulent vivre leur vie conformément aux enseignements de leur foi.

En tant que femme catholique hétérosexuelle, je souhaite également vivre ma vie en accord avec ma foi et les enseignements de l'Église catholique. Je crois en la complémentarité: selon le Livre de

---

[12] Ibid.

[13] Catéchisme de l'Église catholique, (§2358) : https://www.vatican.va/archive/ENG0015/_INDEX.HTM

[14] https://www.Catholicnewsagency.com/news/258771/Catholic-same-sex-attraction-support-ministry-courage-conference

la Genèse (2: 22-24), Dieu a créé une compagne (Ève, une femme) pour Adam (un homme). De cette union est née une nouvelle vie grâce à l'acte sexuel issu de ladite complémentarité. Peu importe le temps que deux hommes ou deux femmes passent à avoir des rapports sexuels non complémentaires, il n'en résultera pas de nouvelle vie. C'est une question de science biologique, anatomique, génétique et médicale élémentaire. Même les athées peuvent le comprendre. Si nous pouvons comprendre la métaphore de «la serrure et la clé », nous pouvons comprendre l'acte procréateur de l'union sexuelle entre un homme et une femme. Je ne commets aucun péché de violence envers quiconque en proclamant cette vérité objective. Au contraire, c'est moi qui souffre aux mains de ceux qui ne veulent pas entendre cette vérité. C'est là que la dictature du relativisme entre en jeu: aujourd'hui, les gens croient ce qu'ils veulent croire. Leurs désirs dictent leurs croyances. Plus ils rassemblent autour d'eux des personnes partageant les mêmes idées pour proclamer leur version de la vérité, plus cela les encourage à proclamer leur « vérité » haut et fort, afin d'intimider ceux qui s'en tiennent à la vérité objective et osent s'opposer à leur fausse « vérité ».

La question transgenre a pris une ampleur incroyable ces dernières années. Elle est omniprésente et cible les jeunes à travers un véritable bombardement médiatique sur les réseaux sociaux. J'ai enseigné à plusieurs élèves LGB/transgenres et travaillé avec quelques collègues LGB/transgenres, dont certains étaient en quête de « découverte de soi » et « remettaient en question leur identité ». Certains jeunes prenaient des traitements hormonaux. Un collègue est même allé jusqu'à subir une opération de changement de sexe. Il est très difficile de comprendre comment un individu peut être à ce point désespéré, jusqu'à choisir une double mastectomie élective ou une castration complète. J'éprouve de la compassion pour ces pauvres âmes qui subissent une expérience aussi traumatisante. Même si je ne suis pas d'accord avec ces décisions irréversibles qui changent le cours d'une vie (il faudrait prendre le temps de lire les descriptions médicales réelles de chaque opération),[15] j'insiste pour que la personne soit respectée en tant qu'être humain, quelles que soient ses décisions douloureuses. Je proclame toujours fermement le respect de chaque élève de ma classe, peu importe qui il est ou ce qu'il croit, et je ne tolère aucun signe d'irrespect envers quiconque, de la part de qui que ce soit. Bien que j'exige et fasse preuve de respect envers un élève gay/transgenre, je n'épinglerai pas un drapeau arc-en-ciel miniature sur ma blouse, ni un autocollant transgenre sur mon ordinateur. Nous pouvons tous être respectueux envers nos prochains, sans pour autant adhérer, affirmer et/ou promouvoir leurs opinions et croyances.

En ce qui concerne les personnes en transition de genre, il existe plusieurs milliers de personnes qui s'identifient comme transgenres/non binaires aux États-Unis[16] et au Canada[17] et qui suivent des « soins » d'affirmation de genre. Vous aurez remarqué que j'ai mis le mot « soins » entre guillemets, étant donné que le type de soi-

---

[15] https://americanmind.org/salvo/genital-mutilation-for-the-masses/
[16] https://www.pewresearch.org/short-reads/2022/06/07/about-5-of-young-adults-in-the-u-s-say-their-gender-is-different-from-their-sex-assigned-at-birth/
[17] https://www150.statcan.gc.ca/n1/daily-quotidien/220427/dq220427 b-eng.htm

Chapitre 1 : Sur l'homosexualité et l'identité du genre

disant « soins » que reçoivent les personnes en transition n'a rien à voir avec la vraie définition de soins. En effet, les personnes qui subissent ces « soins » font l'objet d'expérimentations de la part de la communauté médicale, car il n'existe pas suffisamment de données sur ce sujet. En réalité, nombreuses sont les personnes qui regrettent d'avoir emprunté la voie irréversible des soi-disant « soins d'affirmation du genre ». Au sein de cette population transgenre, on trouve ce qu'on appelle les « détransitionnaires » : des personnes qui regrettent d'avoir suivi des « soins » d'affirmation transgenre.

Quatre cas illustrent cette situation: Chloe Cole[18] en Californie, Prisha Mosley[19] en Caroline du Nord, Soren Aldaco au Texas[20] et Cristina Hineman[21] à New York. Ces quatre jeunes femmes regrettent leur transition vers un autre sexe et poursuivent aujourd'hui en justice le milieu médical pour ne pas leur avoir apporté les véritables soins dont elles avaient besoin pour traiter leur dysphorie de genre (lorsque l'identité de genre d'une personne ne correspond pas au sexe enregistré à la naissance). Une autre personne qui s'exprime très ouvertement sur cette question est Oli London, auteur du livre *Gender Madness - One man's devastating struggle with WOKE ideology and his battle to protect children (2023)*. M. London a accordé une interview à EWTN News Nightly,[22] dans laquelle il a clairement

---

[18] https://www.realclearpolitics.com/video/2023/07/27/de-transitioner_chloe_cole_tells_congress_let_me_be_your_final_warning

[19] https://www.iwf.org/2023/08/04/detransitioners-iwf-identity-crisis-sue-healthcare-professionals

[20] Ibid.

[21] https://www.iwf.org/identity-crisis-stories/cristina-hineman/

[22] https://www.youtube.com/watch?v=map2kKDhxY8

expliqué sa position sur cette question, après avoir suivi pendant des années des traitements de transition et vécu en tant que femme transgenre. Il regrette depuis cette situation et s'efforce courageusement d'alerter tout le monde sur le caractère néfaste de céder à l'idéologie dominante en matière de genre, en particulier en ce qui concerne les enfants et les mineurs.

Il existe également une histoire particulièrement déchirante concernant une jeune femme nommée Daisy Strongin.[23] Elle était une autre victime de l'idéologie transgenre. Ayant grandi à Elmhurst, dans l'Illinois, elle s'est toujours sentie mal à l'aise avec son genre féminin; elle souffrait de dysphorie de genre et a fait l'impensable à l'âge de dix-huit ans: un traitement bloquant la puberté/une hormonothérapie et, finalement, une double mastectomie. Elle a commencé à regretter toute cette histoire lorsqu'elle a rencontré un homme, est tombée amoureuse et s'est mariée. Le désir d'avoir des enfants est devenu très fort dans son cœur. Elle est maintenant mariée et a deux enfants adorables. Son plus grand regret est de ne pas avoir pu allaiter ses bébés. Elle regrette d'avoir une voix grave (masculine) et des cicatrices à la place des seins, pour le reste de sa vie. Ce qu'elle a vécu est irréversible. Son histoire est bien documentée sur le site de l'Independent Women's Forum.[24] Je recommande de lire et de regarder son histoire afin d'apprécier pleinement, en détail, tout ce que cette chère femme a traversé. Le milieu médical l'a laissée tomber, comme beaucoup d'autres, au moment où elle avait le plus besoin d'aide véritable.

---

[23] https://www.iwf.org/identity-crisis-stories/daisy-strongin/
[24] Ibid.

Certaines des principales raisons pour lesquelles les personnes transgenres regrettent leur opération sont les faits médicaux suivants: risque de stérilité à vie en raison des traitements hormonaux imposés/des déséquilibres hormonaux (ou de la castration pure et simple chez les hommes), impossibilité d'allaiter leurs futurs enfants (double mastectomie de seins féminins par ailleurs sains chez les filles), douleurs physiques constantes et dépendance aux médicaments, éventuellement à vie.

Lois Cardinal, un homme autochtone canadien qui a subi une chirurgie de changement de sexe il y a plus de dix ans, en est un parfait exemple. Lois Cardinal a demandé l'euthanasie (qui lui a été refusée) en raison des douleurs atroces qu'il ressentait à la suite de sa chirurgie transgenre: « *Cardinal a subi une vaginoplastie en 2009, mais a développé des complications et a rapidement regretté l'intervention... Il a déclaré au DailyMail.com qu'il ressentait désormais une pression, une douleur et un inconfort constants, plusieurs années après la chirurgie initiale. Cette intervention difficile consiste à inverser le pénis pour former un néo-vagin. Selon une étude*[25] *récente menée par l'université de Floride, la plupart des personnes qui subissent cette intervention souffrent de douleurs et d'inconfort par la suite.* »[26]

---

[25] https://www.dailymail.co.uk/news/article-12312219/Trans-surgery-nightmares-revealed-81-endure-pain-five-years-gender-change-procedures-half-say-having-sex-painful-left-incontinent-survey-shows.html

[26] https://www.dailymail.co.uk/news/article-12349523/Trans-indigenous-Canadian-slams-doctors-denying-euthanasia-request-saying-death-free-agony-surgically-built-vagina.html

Lois Cardinal parle désormais publiquement de cette épreuve sur diverses plateformes.[27]

De plus en plus d'hommes et de femmes courageux expriment publiquement leurs regrets afin de mettre fin à la mutilation médicale légale des adolescents à travers l'Amérique du Nord, dans le cadre de cette idéologie inimaginable qui envahit la génération actuelle via les réseaux sociaux et les systèmes scolaires. Les parents doivent s'informer sur ce qui se passe dans la vie de leurs enfants, en particulier sur ce qu'ils apprennent à l'école.

Ce qui nous amène à l'affaire récente à Genève, en Suisse, où une école s'est impliquée dans le cas des parents d'une jeune fille de seize ans souffrant de dysphorie de genre. Les autorités suisses, en collaboration avec l'école de la jeune fille, ont retiré celle-ci de la garde de ses parents et l'ont placée dans un foyer gouvernemental, où elle vit depuis plus d'un an, parce que ses parents refusaient de lui faire prendre des bloqueurs de puberté : « *L'affaire, actuellement en cours devant les tribunaux suisses, concerne des parents qui ont répondu aux troubles mentaux de leur fille, qui exprimait une « confusion sexuelle », en lui apportant soins et soutien, notamment en lui faisant suivre un traitement psychiatrique. Craignant que leur fille ne soit poussée à prendre des décisions hâtives et potentiellement irréversibles, ils ont refusé les « bloqueurs de puberté » et ont explicitement rejeté la tentative de son école de la faire « transitionner socialement »*. L'école a ignoré les instructions explicites des parents. Ceux-ci ont

---

[27] https://globalnews.ca/video/10280361/alberta-trans-woman-shares-regrets-over-bottom-surgery-what-have-i-done

alors dû faire face à une alliance entre l'école, l'organisation LGBT « Le Refuge » et l'Agence suisse de protection de l'enfance, qui ont intenté une action en justice contre eux. « Cela nous a valu de nombreuses nuits blanches, une grande souffrance et un sentiment de désespoir », a déclaré le père. » [28]

Cette affaire suscite actuellement l'attention du monde entier, notamment celle d'Elon Musk, PDG de Tesla et propriétaire de « X », anciennement connu sous le nom de Twitter, qui s'exprime sur ce cauchemar particulier : « *C'est de la folie. Ce virus mental suicidaire se propage dans toute la civilisation occidentale.* »[29] Une deuxième personnalité exprimant son désaccord est Kellie-Jay Keen, militante féministe et défenseuse des droits des femmes au Royaume-Uni, qui affirme voir « *une tendance mondiale visant à détruire les familles et à nous priver de l'accès à nos enfants. La suppression du langage féminin, en particulier autour de la maternité, fait partie de cette tendance. Les mères sont les protectrices des enfants, les pères sont les protecteurs des familles. L'État ne connaît ni n'aime nos enfants mieux que leurs parents... Des cas similaires d'enlèvements d'enfants par l'État, dont les parents reconnaissent le danger du culte autoritaire quasi religieux des transgenres, ont été signalés au Canada, aux États-Unis et en Australie, et je soupçonne que beaucoup d'autres n'ont pas été signalés ailleurs... Les parents ne doivent pas céder aveuglément à*

---

[28] https://adfinternational.org/news/elon-musk-reaction-daughter-separated-switzerland

[29] Ibid.

notre devoir le plus important, celui de protéger nos enfants. Faites confiance à votre instinct et parlez à vos enfants. »[30]

Une autre personnalité bien connue au Royaume-Uni est Amy Gallagher, infirmière en santé mentale et psychothérapeute britannique au sein du National Health Service, qui avait été choisie comme candidate du Parti social-démocrate pour l'élection municipale de Londres début 2024. C'est elle qui a poursuivi en justice la clinique Portman (qui fait partie du Tavistock and Portman NHS Foundation Trust) en 2022, affirmant que celle-ci promouvait la théorie critique de la race dans ses cours, alors qu'elle était en phase finale de son cursus de deux ans en psychologie légale.[31] Au sujet de l'affaire de Genève, elle déclare: « *Cette affaire est terrifiante. Ces parents se sont vu retirer leur enfant par un État prisonnier de l'idéologie du genre. J'ai confiance et j'espère que les parents, avec le soutien de l'ADF International*[32] *(Alliance Defending Freedom International), convaincront les autorités judiciaires suisses que ce n'est pas la voie à suivre et que l'enfant sera rapidement réunie avec ses parents. Les autorités suisses devraient tenir compte des conclusions du rapport Cass* [33] (qui a été à l'origine de la suspension des bloqueurs d'hormones pour les mineurs en Grande-Bretagne et en Écosse) *et de l'opinion de plus en plus répandue selon laquelle l'affirmation du*

---

[30] Ibid.

[31] https://theweek.com/news/society/958093/what-is-critical-race-theory

[32] https://adfinternational.org/

[33] https://www.bbc.com/news/health-68863594

transgenre est dangereuse. »³⁴ Il est essentiel que le plus grand nombre possible de personnes s'opposent publiquement à cette idéologie. Chez ADF International³⁵ , ce n'est qu'un des nombreux cas dont ils s'occupent. J'encourage tout le monde à consulter leur site web afin de mieux comprendre les défis auxquels la société actuelle est confrontée et ce qui peut être fait pour promouvoir la justice et la vérité.

Les écoles qui influencent les jeunes esprits ne se limitent pas à la Suisse. Les parents sont-ils conscients de ce qui se passe actuellement dans les bibliothèques scolaires américaines? Savent-ils que des livres décrivant des actes homosexuels et des techniques de sexe oral, accompagnés d'illustrations, remplissent les étagères des écoles primaires et sont enseignés à leurs enfants dans le cadre du programme scolaire? Une école de Virginie a décidé de retirer ce type de livres de sa bibliothèque après avoir reçu une plainte détaillée d'un parent.³⁶ Sans cette plainte, ces livres seraient peut-être encore à la disposition des élèves de cette école. « *Les efforts visant à interdire les contenus sexuellement explicites dans les bibliothèques des écoles publiques ne sont pas propres au comté de Spotsylvania, en Virginie... Partout dans le pays, des parents et des enseignants ont récemment remis en question la présence dans les bibliothèques scolaires de*

---

³⁴ https://adfinternational.org/news/elon-musk-reaction-daughter-separated-switzerland

³⁵ https://adfinternational.org/

³⁶ https://www.dailysignal.com/2023/03/29/virginia-school-district-removes-14-sexually-explicit-books/

livres explicites qui romantisent les abus sexuels et décrivent ou illustrent des actes sexuels intimes. »[37] C'est pourquoi il est si important que les parents s'impliquent dans la vie de leurs enfants et ne se laissent pas intimider par les idéologies dominantes.

J'ai vécu une expérience personnelle lorsque j'avais quatorze ans, dans un cours d'éducation physique obligatoire en 9e année, au début des années 80, dans lequel l'enseignante nous a montré une vidéo sur la « santé sexuelle » dans le cadre de l'éducation sexuelle. Cette vidéo avait été produite par des élèves du secondaire et était apparemment diffusée dans les écoles secondaires locales. Elle expliquait en substance que les adolescents devaient utiliser des moyens de contraception afin d'éviter les grossesses non désirées. C'était le clou du message! Il n'était fait aucune mention de la moralité ou de l'abstinence; ils n'ont même pas abordé le danger des maladies sexuellement transmissibles. L'ensemble de l'événement était qualifié de « responsabilité sexuelle ». Dès que je suis rentrée à la maison, j'ai raconté toute l'histoire à ma mère. Elle m'a conseillé de m'excuser de ne pas assister au cours si la professeure continuait dans cette veine. Et, en effet, le lendemain, le même enseignement était dispensé. J'ai rassemblé mon courage pour aller voir l'enseignante et lui demander de m'excuser, arguant que le message véhiculé par la vidéo ne correspondait pas à ma propre opinion et à mes convictions sur le sujet. Elle a accepté de me laisser quitter la classe, et j'ai alors appelé ma mère (depuis la cabine téléphonique située dans le hall de l'école) pour discuter de la question avec elle. Le hasard a voulu que,

---

[37] Ibid.

sans le savoir, je souffrais d'une infection pulmonaire depuis plusieurs jours et que j'étais trop malade pour retourner à l'école la semaine suivante. En fait, j'ai manqué un mois entier d'école, étant soignée à l'hôpital pédiatrique local pour une forme assez tenace de pneumonie. À mon retour à l'école, une fille m'a dit qu'elle pensait que j'avais séché l'école pendant tout le mois pour éviter les cours d'éducation sexuelle. Je me suis contentée de répondre que non, que j'avais été à l'hôpital. En fait, je n'ai jamais exprimé mon opinion sur ce qu'on appelle « l'éducation sexuelle ». À quatorze ans, je n'avais pas la capacité de m'exprimer avec éloquence, contrairement à aujourd'hui, à l'âge de maturité.

Je me demande combien d'élèves aujourd'hui racontent à leurs parents ce qui se passe à l'école? Il y a quelques années, j'avais demandé à une collègue enseignante si sa fille lui avait parlé des affiches LGBTQ qui tapissaient les murs de son école, et la réponse a été un « non » catégorique. Ma collègue n'avait absolument aucune idée que l'établissement scolaire où sa fille était scolarisée était un foyer d'idéologie LGBTQ, tant verbalement que visuellement; elle n'avait même jamais visité l'école de sa fille. Elle supposait que, puisque l'école était « catholique », tout allait bien. Elle ne savait pas qu'il y avait des affiches montrant deux jeunes filles s'embrasser, la bouche ouverte, les langues se touchant. Même chose avec deux jeunes hommes, et enfin, une affiche représentant un nouveau-né portant un bracelet d'hôpital sur lequel était inscrit le mot « homosexuel ».

En gardant cela à l'esprit, j'apprends chaque jour quelque chose de nouveau sur l'idéologie transgenre, qui dépasse fondamentalement la raison. J'ai récemment découvert qu'il existe actuellement une forte pression en faveur du« *chestfeeding* » aux États-Unis (ce qui signifie que le Canada sera probablement le prochain pays à suivre cette aberration, comme à son habitude). Il s'agît d'hommes qui veulent allaiter les bébés: « *Les Centres pour le contrôle et la prévention des maladies ont publié des directives officielles à l'intention des personnes « non binaires » sur la manière d'allaiter les nourrissons* ».[38] Il semble que des médicaments tels que « *le métoclopramide soient parfois utilisés pour tenter d'augmenter la production de lait (galactagogue)* »[39] , afin d'aider les hommes biologiques qui s'identifient comme des femmes à « produire » du « lait » transgenre afin d'allaiter les nourrissons. Selon la Bibliothèque nationale de médecine : « *La métoclopramide est un médicament utilisé pour traiter les troubles de la motilité gastro-intestinale (estomac/intestins), les nausées et les vomissements causés par des opérations chirurgicales, la chimiothérapie ou la grossesse, et pour favoriser la lactation. Ce médicament est commercialisé sous des noms de marque tels que Reglan®, Maxolon® ou Metozolv ODT®* ».[40] Nous devons tous nous interroger sur la sécurité de ces médicaments, dont on sait qu'ils passent dans le « lait », et donc dans l'organisme des nourrissons, comme la dompéridone, qui « *peut passer en petites quantités dans le lait maternel*

---

[38] https://www.dailysignal.com/2023/07/07/cdcs-chestfeeding-guidance-reveals-administrative-states-latest-mutilation-of-west/

[39] https://www.dailysignal.com/2023/07/07/man-begs-funds-doctor-can-help-him-make-transgender-mi/

[40] https://www.ncbi.nlm.nih.gov/books/NBK582840/

et parfois provoquer des battements cardiaques irréguliers chez les bébés ».[41]

Il faut préciser que, même si le respect d'autrui est important, nous devons absolument prendre soin des personnes sans défense et vulnérables parmi nous qui n'ont pas voix au chapitre. Le bébé qui tète le sein d'un homme pour obtenir le lait qui lui permet de survivre n'a aucune idée qu'il pourrait ingérer quelque chose de nocif pour sa santé. Nous devons donc être la voix de la raison, en nous appuyant sur des faits scientifiques et médicaux, qui sont franchement bien plus importants qu'une idéologie qui flatte les caprices et les désirs de personnes qui, pour des raisons inconnues, veulent inscrire ces idées perverties dans la loi.

Je me demande quel sera le prochain point à l'ordre du jour idéologique actuel. Logiquement, je suppose que la prochaine étape serait l'éradication complète des pronoms grammaticaux de genre dans leur ensemble, ainsi que des noms indiquant les liens familiaux; plus aucune utilisation des noms suivants : mère, père, tante, oncle, grand-mère, grand-père, femme, mari, petite amie, petit ami, nièce, neveu, femme, homme, fille, garçon, etc. Pourquoi s'embêter avec des pronoms tels que elle, il, son, lui, elle, etc. si le genre n'a pas d'importance? Pourquoi ne pas réduire toutes les langues à de simples grognements tant qu'à y être? Peut-être que les épouses préféreraient

---

[41] https://local21news.com/news/nation-world/cdc-says-trans-people-can-chestfeed-babies-in-published-guidance-critics-warn-of-health-risks-breastfeed-breast-breastfeeding-infant-child-baby-chestfeeding-centers-disease-control

pousser des gloussements pour présenter leurs maris sans utiliser de noms et de pronoms masculins. Peut-être que les maris préféreraient se frapper la poitrine avec les poings pour affirmer leur masculinité en silence, comme le faisait Tarzan, l'homme-singe, dans les films des années 1930, ce qui semblerait être le meilleur moyen de communiquer à l'avenir. Les gardiens de la langue ne pourraient certainement pas s'opposer à la communication non verbale, n'est-ce pas? Qu'en est-il de l'industrie de l'habillement et de la mode? Fini les robes et les jupes, les complets trois pièces et les cravates. Portons tous des sacs en toile de jute sur le corps et n'en parlons plus. Débarrassons-nous de l'industrie cosmétique qui pèse des milliards de dollars. Plus de maquillage pour personne. Et ainsi de suite. Si l'identité sexuelle et le genre sont censés être fluides, pourquoi s'embêter à en avoir? Soyons tous de simples rouages dans la chaîne de montage de la vie. Hé, cela semble être une bonne base pour un roman dystopique; je vais devoir étudier cette possibilité pour mon prochain livre.

En attendant, permettez-moi de revenir sur ce qui, selon moi, est le problème avec ce qui se passe dans la société ces derniers temps. Le respect de nos prochains semble ne pas être suffixant; les communautés LGB et transgenres exigent d'être reconnues. C'est une forme de dictature. On m'impose souvent d'adopter l'idéologie actuelle qui semble prévaloir partout ou de m'y soumettre en silence. Je suis soit contrainte de dire des choses que je ne veux pas dire, ou bien obligée d'écouter en silence des mensonges. Et nous savons tous que se taire, c'est en fait être complice. Je suis intimidée d'utiliser un langage qui approuve des actions auxquelles mes convictions religieuses s'opposent. Je suis victime d'intimidation sous forme de menaces voilées (et moins voilées) quant aux conséquences potentielles si je ne me conforme pas à la ligne directrice. On est loin du respect. Je suis censé respecter les autres, mais on ne m'accorde pas la même courtoisie. Où est la réciprocité? Où sont l'inclusivité et la tolérance qu'ils exigent eux-mêmes, mais qu'ils ne rendent pas? Pourquoi est-ce si unilatéral?

Personnellement, je ne passe pas mon temps à exiger que tout le monde croit ce que je crois. C'est là toute la beauté de la foi catholique: nous proposons, mais nous n'imposons pas. Ce serait bien si tout le monde croyait ce que je crois, mais j'accepte que cela soit impossible. Pourquoi les autres ne peuvent-ils pas accepter que beaucoup de gens ne croient tout simplement pas/ne peuvent pas croire que deux personnes du même sexe puissent (ou devraient) « se marier » ? Ou qu'un homme puisse devenir une femme (ou vice versa)? Pourquoi est-il si difficile d'accepter que beaucoup de gens pensent que les femmes transgenres (biologiquement masculines) ne devraient pas participer aux compétitions sportives féminines? Les preuves scientifiques objectives sont de notre côté. Nous ne faisons de mal à personne en proclamant ce qui a toujours été, et sera toujours, une réalité scientifique. Pourquoi tout le monde ne peut-il pas voir cela? Est-ce trop demander? La raison et la vérité objective finiront-elles par vaincre la dictature du relativisme qui envahit rapidement la société occidentale? Comme toujours, seul le temps nous le dira.

Chapitre 2

Sur comment nous en sommes arrivés là

Acte d'espoir

Mon Dieu, appuyé sur vos promesses et les mérites de Jésus Christ mon Sauveur, j'espère avec une ferme confiance que vous me ferez la grâce d'observer vos commandements dans ce monde et d'obtenir par ce moyen la vie éternelle. Amen.

Quand est-ce que l'idéologie transgenre actuelle a vu le jour? Soyons réalistes; jusqu'à récemment, l'idée même qu'un homme subisse une castration volontaire ou qu'une femme subisse une double mastectomie volontaire, ainsi que d'autres interventions chirurgicales et traitements visant à « devenir » une personne du sexe opposé (ce qui est bien sûr impossible), aurait été accueillie avec incrédulité, pour le moins. Aujourd'hui, non seulement elle est acceptée et affirmée, mais elle est imposée comme un « droit » dans toutes les sphères de la société occidentale. C'est déjà assez grave pour les adultes qui subissent cette vision pervertie de leur identité humaine, mais qu'en est-il des enfants? Comment les médecins peuvent-ils accepter de prescrire à des enfants des bloqueurs d'hormones et d'autres traitements médicaux qui changent leur vie, sur la base des déclarations de ces enfants qui prétendent savoir ce qu'ils veulent? Un enfant de 12 ans sait-il exactement ce que représente le système reproducteur masculin/féminin? Comment les parents peuvent-ils être à ce point endoctrinés par la culture dominante qu'ils acceptent ces interventions médicales radicales pour leurs enfants? Comment la société en est-elle arrivée au point d'arrêter légalement les parents qui, à juste titre, s'opposent à de telles pratiques? Dieu merci, le gouvernement du Royaume-Uni a pris conscience en 2024 des dangers de ces interventions: « *Le gouvernement du Royaume-Uni a annoncé mercredi qu'il imposait une « interdiction d'urgence » sur la prescription et la fourniture privées de bloqueurs de puberté aux mineurs, selon un communiqué de presse. L'Angleterre et l'Écosse ont respectivement annoncé en mars et avril qu'elles suspendaient les traitements par bloqueurs de puberté pour les nouveaux patients âgés de moins de 18 ans en raison des inquiétudes liées aux effets secondaires et aux conséquences à long terme largement inconnues.* »[1] J'espère sincèrement que d'autres pays suivront cet exemple et commenceront à se soucier de la santé et de la sécurité des enfants et des mineurs, dès que possible.

Il faut remonter loin dans le temps pour comprendre comment nous en sommes arrivés là. À mon avis, cela remonte à juste avant la révolution sexuelle des années soixante. Soyons honnêtes: les femmes ont joué un rôle prédominant dans le mouvement de libération sexuelle. Elles se sont rebellées contre le monde soi-disant dominé par les hommes dans lequel elles vivaient. Elles convoitaient ce qu'elles percevaient comme la liberté des hommes de forniquer avec qui ils voulaient, quand ils le voulaient. Les hommes auront beaucoup à répondre devant Dieu pour leur manque de fidélité sexuelle

---

[1] https://www.dailysignal.com/2024/05/30/united-kingdom-orders-emergency-ban-on-puberty-blockers-for-minors/

envers leurs épouses et pour leur promiscuité, qualifiée de manière glamour de « playboy ». Les aventures sexuelles des hommes ont apparemment suscité l'envie des femmes, ce qui a donné lieu à divers mouvements féministes et à des programmes prônant la liberté sexuelle pour tous.

La révolution sexuelle a entraîné l'effondrement de la vie telle qu'elle était connue et pratiquée dans la sphère publique jusqu'alors. Nous savons tous que l'immoralité sexuelle existe depuis des millénaires. Cependant, ce qui nous distingue du passé, c'est qu'aujourd'hui, l'immoralité sexuelle est publiquement saluée comme une bonne affaire, comme quelque chose qui doit être applaudie, affirmée et exhibée dans les rues, comme quelque chose qui doit être inscrite dans la loi. Avant cette ère permissive, les péchés avaient toujours existé et abondé, mais ils étaient quelque chose à cacher et dont on avait honte. La nature humaine est telle qu'au lieu d'arrêter de pécher et de se convertir à une vie meilleure, l'homme veut continuer à pécher au grand jour (pour ainsi dire) et être affirmé dans son péché. Être affirmé justifie donc son comportement et le péché s'épanouit et abonde, se perpétuant sans fin.

Ce que la libération sexuelle a inculqué à la société, c'est que la sexualité n'est pas importante d'un point de vue anthropologique (réfléchissez-y: si nous arrêtions tous de procréer, l'humanité disparaîtrait en moins d'un siècle). L'acte sexuel est considéré comme un simple appétit à assouvir, une fonction biologique à exercer, dépourvu de toute signification ou répercussion plus profonde. Il suffit de regarder le commentaire fait en juillet 2024 par le secrétaire américain aux Transports, Pete Buttigieg, selon lequel les hommes sont « plus libres » dans un pays où l'avortement et la contraception sont accessibles.[2] Ce commentaire reflète l'idée que les rapports sexuels sont simplement pour des fins récréatives, sans aucune responsabilité.

Lorsque nous dissocions l'accouplement de son objectif premier (le don divin de l'amour unificateur et procréateur entre un homme et une femme, unis par les liens sacrés du mariage, donnant naissance à une nouvelle vie), il est relégué au simple acte de satisfaction d'un besoin physique (les aventures d'un soir étaient très populaires à une certaine époque), tout comme boire, manger et dormir. Pas de passé, pas d'avenir, pas de chagrin, pas de responsabilité. Cette dissociation entre l'accouplement, l'amour et la responsabilité a favorisé l'idée que la copulation n'est qu'un acte physique nécessaire pour le plaisir, et non un acte nécessaire pour assurer l'avenir de notre société. Cette mentalité a donc fini par déboucher, logiquement, sur la croyance insidieuse et erronée selon laquelle l'identité sexuelle n'a donc pas d'importance. Après tout, si le plaisir et l'affirmation de soi sont les seules fins visées, qui se soucie de savoir si l'union sexuelle se déroule entre deux (ou plusieurs) hommes ou entre deux (ou plusieurs) femmes? Qui se soucie qu'une fille/femme subisse des opérations chirurgicales qui changent sa vie afin de «devenir» un garçon/homme (la rendant effectivement stérile, dans la plupart des

---

[2] https://www.foxnews.com/politics/buttigieg-comment-men-free-access-abortion-deeply-troubling-pro-lifers

cas³ , puisque l'objectif ici n'est certainement pas la reproduction)? Il en va de même pour le garçon/l'homme qui est castré afin de « devenir » une fille/une femme. La mentalité qui sous-tend la liberté sexuelle a favorisé une désintégration complète du concept de l'importance et de la véritable signification de l'identité de genre et du sexe, ouvrant la voie à des procédures telles que les opérations chirurgicales visant à « changer de sexe ».

Personnellement, je pense que les opérations de « réassignation de sexe » (appelées auparavant opérations de changement de sexe dans les années 1970) n'auraient jamais dû être autorisées, dès le départ. Comment des médecins peuvent-ils trahir le serment d'Hippocrate (promettant de ne faire de mal à personne) qu'ils ont prêté, en mutilant des êtres humains sous prétexte de les « aider » à devenir qui ils veulent être? Je pense que certains médecins souffrent de ce qu'on appelle le « complexe de Dieu » et qu'ils ont là l'occasion rêvée d'exercer leur mégalomanie, en jouant à Dieu, profitant de la confusion de leurs patients qui leur font confiance et en les utilisant comme des cobayes. En ouvrant la voie aux opérations de changement de sexe chez les adultes dans les années 70, le monde médical a ouvert la porte à ces mêmes opérations chez les mineurs. Et c'est exactement ce qui s'est produit en 2024: des enfants mutilés par des professionnels de la santé. De la maltraitance infantile légale qui est affirmée par les plus hauts représentants du pays, qui déclarent à la télévision nationale que les « soins d'affirmation du genre » sont bons et nécessaires.

---

³ https://americanmind.org/salvo/genital-mutilation-for-the-masses/

Je me dois de poser la question suivante: ceux qui prônent les soins dits « d'affirmation du genre » ont-ils déjà pris le temps de se renseigner précisément sur ce qu'impliquent les interventions chirurgicales et les traitements? Comprennent-ils pleinement les conséquences de la vaginectomie, de l'hystérectomie, de la métaïodoplastie, de la phalloplastie et de l'allongement de l'urètre, sans parler des greffes buccales et des traitements à la testostérone, avec tous leurs effets secondaires néfastes, notamment des infections interminables qui ruinent, plutôt qu'elles ne l'aident, la vie physique (et psychologique) de la fille/femme concernée[4]? Les médecins prennent-ils le temps de s'asseoir avec la fille/femme et de lui décrire exactement ce qui va se passer lors de l'opération? Leur disent-elles quels sont les effets secondaires et les dangers potentiels? Qu'en est-il des opérations et des traitements pour les hommes biologiques qui souhaitent changer de sexe? Comprennent-ils pleinement les conséquences de la castration, de la vaginoplastie transgenre et de l'orchidectomie[5] ? Qu'en est-il des chirurgies de nullification et de tout ce que cela implique, tant pour les hommes que pour les femmes qui adhèrent à l'identité de genre « eunuque »[6] ? Un enfant peut-il comprendre tout cela? Et les parents? Comment expliqueront-ils à leur progéniture leur complicité dans cette mutilation dans dix ou quinze ans? Les adultes, sans parler des enfants, comprennent-ils tout cela? Je me demande si les personnes souffrant de dysphorie de genre sont pleinement informées des risques. à l'avance, par l'équipe médicale « attentionnée », avant d'être irrévocablement mutilées pour la vie?

---

[4] https://americanmind.org/salvo/genital-mutilation-for-the-masses/
[5] Ibid.
[6] Ibid.

Sans parler de la douleur atroce qui accompagne tous les différents types de chirurgie, de traitements et de « révisions » nécessaires pour tenter de réparer certains des dommages subis. Comprennent-ils pleinement que l'ensemble du processus de transition nécessite de nombreuses interventions chirurgicales et des traitements médicaux potentiellement à vie, tels que des hormones et des antibiotiques, par exemple ? Les médecins leur disent-ils d'attendre pour voir si ce sentiment de dysphorie de genre est peut-être passager? Qu'ils pourraient regretter leur décision plus tard, par exemple s'ils veulent avoir des enfants? Ce sont là des questions légitimes qui méritent des réponses consciencieuses.

Tout le monde réalise-t-il l'énorme coût financier de toutes ces chirurgies et médicaments non essentiels et facultatifs, tant pour les bénéficiaires que pour l'État (financé par les impôts des citoyens)? Savent-ils que s'ils regrettent plus tard leur transition, ils devront payer de leur poche de nouveaux traitements, médicaments et chirurgies, dans l'espoir de continuer à mener une vie à peu près décente?[7] Se sentent-ils un peu trahis par le fait que leur assurance médicale financée par les impôts est prête et disposée à financer leurs « soins » de transition qui mutilent leur sexe, mais pas leurs soins de détransition plus tard, lorsqu'ils regretteront le jour où ils se sont lancés dans l'aventure transgenre et veulent revenir à leur état original? Se rendent-ils compte qu'il s'agit ici d'une industrie du genre qui brasse des milliards de dollars, et qui est aussi, fondamentalement, une industrie légale d'abus médicaux sur les enfants? Quelqu'un se soucie-t-il des douleurs physiques horribles et des multiples maux

---

[7] https://americanmind.org/salvo/genital-mutilation-for-the-masses/

qui finiront par accabler ces pauvres chercheurs d'identité égarés, sans parler de l'énorme traumatisme psychologique qu'ils doivent endurer? Des êtres humains en bonne santé physique subissent un lavage de cerveau qui les rend dépendants de la médecine et les condamne à souffrir des vestiges de leur ancien moi pour le reste de leur vie, tout cela au nom d'un activisme et d'une idéologie de genre qui ne recherche pas le bien des autres, mais plutôt la glorification de l'auto-définition et de l'auto-identification, la facilitation et l'encouragement de désirs passagers et, en fin de compte, peut-être inconsciemment (ou non), le rejet de Dieu. La pression intense contre la réalité, contre la vérité objective, est en fait une pression contre Dieu et contre tous ceux qui essaient de vivre en conformité avec la volonté et le dessein de Dieu pour l'humanité.

Dieu nous accorde le libre arbitre. La liberté, en soi, doit avoir un but, un objectif; elle est un moyen d'atteindre une fin. Le but, ou la fin, doit donc être le bien ultime. Si nous choisissons de faire le mal, nous n'atteindrons pas le but du bien ultime. Si la liberté est en soi le but ultime de notre vie, elle n'est plus un moyen d'atteindre une fin; elle devient la fin, nous procurant ainsi une perception fausse et déformée de ce à quoi nous sommes destinés, à savoir l'union ultime avec Dieu, notre Créateur. Cela explique la volonté radicale d'éliminer Dieu de la sphère publique. Par exemple, j'ai entendu des étudiants dire publiquement, en classe, que Dieu a tort en ce qui concerne l'enseignement de l'Église sur les actes homosexuels. Les gens pensent que la liberté signifie qu'ils peuvent faire ce qu'ils veulent. Celà n'est pas de la liberté, c'est de la licence. Si nous suivons leur conception de la liberté, alors, par extrapolation, n'importe qui

Chapitre 2 : Sur Comment nous en sommes arrivés là

est libre d'enlever un enfant en bas âge et de le vendre à un trafiquant sexuel chaque fois qu'il a besoin d'argent. L'auteur du crime ne ferait qu'exercer son libre arbitre et sa liberté, n'est-ce pas? Certaines personnes croient réellement à cette philosophie. Combien de fois ai-je vu aux nouvelles, des membres de gangs impliqués dans le trafic de drogue, arborant une croix sur une chaîne, pendue à leur cou? Apparemment, ils ne la portent pas comme un signe de leur adhésion au Christ. Si tel serait le cas, comment pourraient-ils concilier leurs actions avec les enseignements de Dieu ?

Dieu nous laisse choisir entre le bien et le mal. Si nous choisissons le mal, nous rejetons Dieu. Pour ma part, je ne veux pas être quelqu'un qui rejette Dieu. Oui, je suis une pauvre pécheresse, mais au moins je sais et j'admets que je suis une pauvre pécheresse. Je prie chaque jour *l'Acte de contrition*. Je vais me confesser. Je regrette mes péchés et j'ai confiance en la miséricorde de Dieu. Je crois au purgatoire, à l'enfer et au paradis. L'enfer est un lieu, ou un état d'être, dans lequel je ne veux absolument pas me retrouver. Si je parviens à aller au purgatoire, j'aurai un pied dans la porte pour accéder à la vie éternelle au ciel. Mon objectif est clairement le ciel, mais je suis suffisamment lucide et objective pour savoir que je suis loin d'être une sainte et que j'ai grand besoin d'un détour par le purgatoire pour être sanctifiée et purifiée. Je doute fortement de pouvoir aller directement au paradis si je mourais dans les dix prochaines secondes. J'essaie de faire de mon mieux pendant ce bref séjour en exil sur terre, et je place mon espoir en mon Seigneur et Sauveur, Jésus-Christ, Fils du Dieu éternel.

En raison de mes convictions religieuses et de mon raisonnement scientifique, je ne cautionne pas la révolution sexuelle ni les vagues idéologiques qui entraînent la société dans une spirale de dégénérescence et de folie. Je dénonce le programme transgenre actuel qui ruine la santé physique et mentale d'innombrables garçons et filles, hommes et femmes dans notre société. Je suis contre l'avortement (le meurtre d'êtres humains innocents et sans défense, dans le ventre de leur mère, qui est censé être l'endroit le plus sécuritaire au monde). Je dénonce l'euthanasie et le suicide médicalement assisté. Je crois que le mariage est l'union d'un homme (biologique) et d'une femme (biologique) dans les liens sacrés du mariage. Je ne suis pas d'accord avec la participation d'hommes biologiques à des compétitions sportives féminines. Je ne suis pas féministe. Je suis une femme catholique ordinaire, pieuse et pratiquante, qui exprime clairement ce que je crois dans mon cœur et dans mon âme au sujet de l'état du monde dans lequel nous vivons. J'aime tout le monde du mieux que je peux, en toute sincérité et avec tout le respect et la tolérance qui s'imposent. J'attends en retour d'être aimée, tolérée et respectée, et je crois en la liberté d'expression et en la liberté de religion qui sont censées garantir ces libertés louables à tous, même à ceux qui, comme moi, sont respectueusement en désaccord avec les idéologies dominantes.

Chapitre 3

Sur les premiers partisans de l'identité du genre

Ô Dieu, je te demande pardon pour le mal que j'ai fait, pour ne pas avoir fait le bien que j'aurais pu faire, et pour le bien que j'ai fait, mais qui aurait pu être mieux fait. (Prière)

Il existe un documentaire approfondi sur les premiers partisans de l'idéologie du genre, diffusé sur la chaîne Eternal Word Television Network (*EWTN*), fondée par une religieuse catholique, Mère Angélica, le 15 août 1981, jour de la fête de l'Assomption de la Bienheureuse Vierge Marie.

En bref, ce documentaire explique que les principes de l'idéologie du genre remontent aux années 1940 : les philosophes et écrivains français Simone de Beauvoir et Jean-Paul Sartre, ainsi qu'Alfred Kinsey, biologiste et sexologue américain, considéré comme le père de la révolution sexuelle, ont tous été les fers de lance d'idées radicales sur la sexualité et l'identité. Le documentaire en question, de EWTN, intitulé « A *Wolf in Sheep's Clothing: The Gender Agenda* » *(Parties 1, 2 et 3)*[1], soit *Un loup déguisé en brebis: l'agenda transgenre*, met en lumière des preuves concrètes concernant ces trois personnes, ainsi que des preuves factuelles concernant d'autres ac-

---

[1] https://www.youtube.com/watch?v=JPDafw3Q7u0

teurs clés, dans la dégénérescence des mœurs sociales qu'ils ont contribué à provoquer. Étant donné que M. Kinsey est vénéré par Hollywood et d'autres jusqu'à ce jour, il est essentiel de connaître les faits concernant les incursions de cet homme dans la recherche sexuelle, en particulier en ce qui concerne la sexualité des enfants.

J'ai fait des recherches sur M. Kinsey et j'ai découvert un autre « chercheur » du nom de John William Money. La nature même des « recherches » de ces deux hommes était erronée, voire carrément malveillante. Selon le documentaire, Kinsey était un pédophile latent dégénéré qui exploitait la sexualité des enfants ; il recueillait des données sur les orgasmes d'enfants âgés d'à peine six mois ! Quant à Money, il s'est fourvoyé dans ses tentatives de catégorisation des genres. Ses expériences ratées sur des jumeaux dans les années 50 (connues sous le nom de « cas Reimer ») ont conduit au suicide du garçon qui avait été élevé comme une fille sur les conseils de Money. Lui aussi est considéré comme une sorte de « héros » dans les milieux transgenres. Il vaut la peine de regarder le documentaire en trois parties sur l'agenda du genre afin de mieux comprendre comment nous en sommes arrivés là.

Quant à Jean-Paul Sartre, l'essai « *The problem with* Sartre » (*Le problème avec Sartre*),[2] rédigé par Clive James, critique, journaliste,

---

[2] https://slate.com/news-and-politics/2007/03/the-problem-with-sartre.html

animateur et écrivain australien,³ explore le soi-disant néant de la philosophie de Sartre, affirmant que :

> « *Sartre est un avocat du diable qu'il faut mépriser plus que le diable lui-même, car l'avocat était plus intelligent. Il s'agit sans doute d'une réaction disproportionnée. Après tout, Sartre n'a jamais tué personne. Mais il a excusé beaucoup de ceux qui l'ont fait, et la plupart d'entre eux n'ont jamais tué personne non plus. Ils ont simplement donné l'ordre à leurs subordonnés de le faire.* » ⁴

La compagne de Sartre, Simone de Beauvoir,⁵ athée déclarée depuis l'âge de quatorze ans, était une féministe bisexuelle qui a entretenu une relation ouverte avec Sartre pendant près de 50 ans.⁶ Elle était philosophe et écrivaine ; son ouvrage pionnier *Le Deuxième Sexe* a été le premier exemple d'une intellectuelle de renom faisant la distinction entre le sexe et le genre,⁷ en 1949. Selon Judith Butler, dans son ouvrage *Gender Trouble (Trouble du Genre)* publié en 1990, l'ensemble de l'œuvre de Simone de Beauvoir a jeté les bases d'une

---

 ³ https://www.newyorker.com/culture/postscript/clive-james-got-it-right
 ⁴ https://slate.com/news-and-politics/2007/03/the-problem-with-sartre.html
 ⁵ https://www.thepinknews.com/2022/01/09/simone-de-beauvoir-queer-theory-gender/
 ⁶ https://www.bbc.com/culture/article/20171211-were-sartre-and-de-beauvoir-the-worlds-first-modern-couple
 ⁷ https://www.thepinknews.com/2022/01/09/simone-de-beauvoir-queer-theory-gender/

grande partie de la théorie queer telle qu'elle est exprimée aujourd'hui.[8]

Un autre documentaire pionnier dans la dénonciation de l'idéologie erronée du transgenre est celui de Matt Walsh, intitulé « *What is a woman?* » *(Qu'est-ce qu'une femme ?)*[9]. Je le recommande vivement à tous ceux qui souhaitent se tenir informés de cette contagion sociale qui assaille notre société. M. Walsh est un commentateur politique et activiste américain, auteur, podcasteur et chroniqueur pour *The Daily Wire*.[10] Grâce à son documentaire, j'ai découvert un groupe de personnes extraordinaires, notamment la Dr Miriam Grossman,[11] médecin et psychiatre, qui se trouve en première ligne de ce phénomène transgenre, et Scott (Kellie) Newgent, homme transgenre et fondateur de *Trevoices*,[12] un groupe d'éducateurs transgenres qui s'opposent à l'activisme transgenre radical et qui sensibilisent les familles et les politiciens à la réalité de la dysphorie de genre.[13] La mission de la fondation de Newgent est exprimée comme suit, sur le site web de *Trevoices* :

« *Notre mission est d'alerter les autres sur les dangers et le caractère irréversible de la transition médicale. Beaucoup de personnes sont*

---

[8] Ibid.
[9] https://www.dailywire.com/videos/what-is-a-woman
[10] https://www.dailywire.com/show/the-matt-walsh-show
[11] https://www.miriamgrossmanmd.com/
[12] https://www.transregretters.com/
[13] https://sencanada.ca/content/sen/committee/432/LCJC/Briefs/2021-04-19_LCJC_C-6_ScottNewgent_e.pdf

confrontées aux changements physiques, mentaux et sociaux qui accompagnent la transition médicale. Nous sommes là pour donner une voix, une plateforme et une communauté à tous ceux qui regrettent leur transition médicale et pour travailler ensemble afin d'alerter les autres sur ses dangers et son caractère irréversible. » [14]

Quant à Dr Grossman, elle est une psychiatre américaine pour enfants, adolescents et adultes, auteure et conférencière, qui a écrit un ouvrage complet sur ce sujet : « *Lost in Trans Nation : A child psychiatrist's guide out of the madness* » (*Perdu dans la nation transgenre : le guide d'une psychiatre pour enfants pour sortir de la folie*).[15] Dr Grossman a étudié ce sujet et l'explique avec respect et empathie, pour toutes les personnes qui souffrent de dysphorie de genre, « *...terme désignant un profond sentiment de malaise et de détresse qui peut survenir lorsque votre sexe biologique ne correspond pas à votre identité de genre. Dans le passé, on appelait cela un trouble de l'identité de genre* ». [16]

La mentalité dominante dans notre société consiste à définir le genre d'une personne en fonction de ses sentiments. J'entends souvent autour de moi dire qu'il est normal de changer de genre au quotidien. Une ancienne connaissance, une femme biologique qui a subi une transition médicale pour « devenir » un homme, parlait souvent du fait que son jeune fils changeait régulièrement de genre, semblant

---

[14] https://www.transregretters.com/
[15] https://www.miriamgrossmanmd.com/
[16] https://www.mountsinai.org/health-library/diseases-conditions/gender-dysphoria#

très fière de sa confusion. Il n'est pas étonnant que l'enfant ait été instable, étant donné qu'il a été témoin direct de la métamorphose radicale de sa mère.

J'ai des élèves qui souffrent actuellement de dépression sévère et ont des tendances suicidaires depuis qu'ils se sont plongés dans cette idéologie. Ils ne semblent pas plus heureux, ni en paix, avec leur nouvelle « identité ». Ils sont manipulés par les réseaux sociaux et les soi-disant experts en identité du genre afin qu'ils prennent des bloqueurs d'hormones et subissent ce qu'on appelle des chirurgies « *top* », c'est-à-dire « du haut » (les seins). Une chère jeune fille était en larmes, disant qu'elle ne savait pas quoi faire. Elle disait que tout son entourage l'encourageait à suivre cette voie de l'automutilation. Les jeunes ne semblent pas se rendre compte qu'ils sont utilisés à des fins expérimentales par les médecins et des cliniques spécialisées dans l'identité du genre. Après tout, il n'existe aucun précédent pour ce type d'interventions médicales. Il n'existe aucune donnée historique prouvée pour étayer ces idées. Nos jeunes sont utilisés comme des cobayes humains, sur lesquels on mène des expériences. Il suffit de demander à n'importe quelle personne ayant regretté sa transition.

Une étude approfondie sur les personnes qui ont suivi un processus de transition vers le sexe opposé et qui ont regretté cette décision a récemment été publiée sous forme de livre par la journaliste américaine Mary Margaret Olahan. Basée à Washington, D.C., elle a collaboré au *Daily Signal*,[17] un site web conservateur américain d'actualités et de commentaires politiques, fondé en 2014. Le livre

---

[17] dailysignal.com

s'intitule *Detrans : True Stories of Escaping the Gender Ideology Cult (Detrans : histoires vraies d'évasion du culte de l'idéologie du genre).* Le terme « *detransitioner* » désigne précisément les personnes qui veulent essayer de réparer les dommages qui leur ont été infligés lors de leur transition d'un sexe à l'autre. Malheureusement, certains de ces dommages sont irréversibles. Une fois que vous avez subi une double mastectomie, également appelée chirurgie « du haut », il est trop tard pour essayer de revenir en arrière. Des seins féminins en parfaite santé ont disparu à jamais. Il en va de même pour les dommages irréversibles causés par la castration, également appelée chirurgie « *bottom* » (du bas), dont la guérison peut prendre plusieurs mois.[18] Certaines des histoires racontées dans ce livre sont assez poignantes et émouvantes; préparez-vous à découvrir de nombreux faits déplaisants que les médias séculiers, à l'heure actuelle, ne diffusent pas. Les médias regorgent de récits vantant le caractère « normal et merveilleux » de ce type de chirurgie élective. Personne ne veut parler de la douleur physique intense que subissent les hommes lorsqu'ils se soumettent à la castration et à la vaginoplastie, également connue sous le nom de procédure d'inversion pénienne.[19] Personne ne veut parler de la vaginectomie (ablation chirurgicale du vagin) et de l'hormonothérapie agressive visant à transformer un clitoris en

---

[18] https://my.clevelandclinic.org/health/procedures/feminizing-bottom-surgery

[19] https://transcare.ucsf.edu/guidelines/vaginoplasty

pénis.[20] Et que dire des années de médicaments anti-rejet, d'analgésiques et de traitements hormonaux que ces types de chirurgies impliquent ? [21]

Tout ce phénomène culturel s'inscrit dans le cadre de la culture dite « woke », qui bouleverse les principes éthiques et moraux qui constituaient autrefois le fondement des sociétés. Comme le cite Virginia Allen, productrice de l'actualité et animatrice de podcast pour *The Daily Signal* : « *Nous sommes confrontés à un postmodernisme radical, que nous appelons « idéologie woke » faute de terme plus approprié, mais qui est véritablement radical et vise essentiellement à déstabiliser l'ordre actuel.* »[22]

En juillet 2024, une série complète sur la définition de la culture WOKE, que je recommande vivement, est disponible pour tous ceux qui souhaitent en savoir plus sur ce phénomène. *In Focus: Confronting a Woke World, Season 1 (Point de mire: Confronter un Monde Woke, Saison 1)*, est disponible sur le site web de l'université de Steubenville (faithandreason.com).[23] Jay Richards, co-auteur de « *Fight the Good Fight: How an Alliance of Faith and Reason Can Win the Culture War* » [24] (« *Mener le bon combat: Comment une alliance de Foi et de Raison peut gagner la guerre culturelle*»), ajoute son point

---

[20] https://www.medicalnewstoday.com/articles/326590#surgery

[21] my.clevelandclinic.org/health/treatments/21653-feminizing-hormone-therapy

[22] https://www.dailysignal.com/2024/05/30/how-faith-reason-can-win-culture-war

[23] https://faithandreason.com/episodes/defining-woke/

[24] https://www.regnery.com/9781684515523/fight-the-good-fight/

de vue sur cette question : « *Des questions telles que la diversité, l'équité et l'inclusion dans les programmes scolaires et l'idéologie de l'identité de genre ont « réveillé » les Américains, toutes tendances politiques et confessions confondues...* » [25] Ce « réveil » est à l'origine du terme « WOKE », qui s'est répandu comme une traînée de poudre. Tout à coup, il est très populaire de « s'éveiller » aux injustices sociales, en particulier aux droits des LGBTQ, aux injustices raciales et ethniques, aux droits des femmes et aux « droits reproductifs », etc... Pourquoi ne pas se réveiller aux vérités établies et éternelles de Dieu et de la nature, et accepter que nous ne sommes pas Dieu et que nous ne pouvons pas décider de notre sexe? Cela me semble être le signal d'alarme dont la société a besoin en ce moment, et non une nouvelle marche de protestation qui continue à mutiler notre jeunesse en profitant de sa confusion.

L'un des principaux promoteurs de l'idéologie Woke est le système éducatif. Les écoles jouent un rôle considérable dans la promotion du programme Woke actuel, allant jusqu'à cacher des informations essentielles aux parents, à aider les mineurs à se procurer des médicaments et à utiliser des noms et des pronoms préférés sans que les parents en aient connaissance. J'ai un jour demandé à une adolescente en proie à une confusion sexuelle, qui croyait ce qu'on lui disait à l'école sur l'identité du genre, si elle avait déjà entendu parler du mouvement de « dé-transition »; elle m'a répondu que non. Je lui ai recommandé de faire des recherches sur ce sujet avant de se lancer

---

[25] https://www.dailysignal.com/2024/05/30/how-faith-reason-can-win-culture-war/

dans une aventure qui pourrait lui causer des dommages irréversibles. Une jeune fille de quinze ans ne se rend pas compte des conséquences d'une double mastectomie. Elle ne peut pas s'imaginer dans dix ou quinze ans, souhaitant peut-être allaiter son bébé, mais incapable de le faire parce qu'elle s'est fait retirer ses seins par des médecins qui ne lui ont pas donné toutes les informations dont elle avait besoin. Cette adolescente douce, gentille et désorientée, errait dans un état de confusion, recevant des SMS et des appels téléphoniques de son médecin « spécialiste en identité du genre» qui la pressait de prendre des rendez-vous et de prendre des décisions pour lesquelles elle n'était pas tout à fait prête et sur lesquelles elle n'était pas suffisamment informée. Un tel comportement de la part des médecins constitue une manipulation flagrante d'une partie vulnérable de la population.

D'après ce que je peux voir, la société dans son ensemble est manipulée par ceux-là mêmes qui prétendent vouloir aider tout le monde. Et ce type d'endoctrinement se produit dans de nombreux autres domaines, pas seulement dans celui de l'identité du genre.

La manipulation des gens commence par la manipulation du langage, le rejet de la morale et de la religion, et la propagation de l'idolâtrie de soi, où « je » décide de tout, du changement de sexe/genre, jusqu'au meurtre de l'enfant innocent à naître dans l'utérus, en raison d'une fausse croyance selon laquelle « je » contrôle mon propre destin. En d'autres termes, « je » suis Dieu. Par conséquent, si « je suis Dieu », pourquoi ai-je besoin du vrai Dieu ? Cette mentalité est clairement visible, non seulement dans la culture transgenre, mais aussi dans la culture de l'avortement et dans la mentalité hédoniste en général.

Chapitre 4

Sur l'avortement

Quand mes os se formaient, soigneusement assemblés dans le ventre de ma mère, quand je grandissais là en secret, tu savais que j'étais là, tu m'as vu avant ma naissance. Les jours qui m'étaient destinés avaient tous été inscrits dans ton livre, avant même qu'aucun d'entre eux ne commence.
Psaume 139: 15-16

Elle répondit : « Personne, Seigneur. » Et Jésus dit : « Moi non plus, je ne te condamne pas. Va, et désormais ne pèche plus. » Jean 8:11

Comment en sommes-nous arrivés à un point où l'avortement est si répandu et considéré comme un « droit » ? J'ai mon opinion personnelle sur la façon dont nous en sommes arrivés là. Une fois que la soi-disant libération sexuelle des femmes s'est imposée, les prochaines étapes logiques se sont également mises en place. Pour pouvoir forniquer à sa guise, il faut pouvoir le faire en toute tranquillité d'esprit, c'est-à-dire sans aucune responsabilité. La définition établie de la fornication est un rapport sexuel consensuel entre un homme et une femme qui ne sont pas mariés l'un à l'autre. La fornication inclut donc les relations sexuelles avant le mariage et les relations sexuelles extraconjugales. Il s'agit essentiellement d'une union charnelle, sans la bénédiction du clergé. Par conséquent, pour pouvoir forniquer à sa guise, la contraception est une priorité absolue.

Après tout, il est difficile d'être sexuellement active lorsqu'on est enceinte, qu'on vomit tous les matins, qu'on a les chevilles enflées et qu'on se dandine en se tenant le dos, sans parler des taches brunes qui apparaissent sur la peau du visage, gâchant un visage autrefois sans imperfections. Qui a envie d'avoir des relations sexuelles dans cet état ? Imaginez le soulagement quand la « pilule » est arrivée sur le marché. Les femmes pouvaient désormais avoir autant de relations sexuelles qu'elles le souhaitaient sans avoir à se soucier d'une grossesse imminente, sans parler de s'occuper d'un enfant pendant les dix-huit prochaines années de leur vie et peut-être même pour le reste de leur existence (oui, être parent est un sacrifice à vie; c'est en gros donner sa vie pour son enfant, et je suis tout à fait d'accord avec cela).

Ainsi, une fois que les femmes ont obtenu ce que les hommes avaient, c'est-à-dire des relations sexuelles multiples et sans inhibition, à quoi cela a-t-il conduit? À la promiscuité. À des grossesses hors mariage. À l'adultère. Au divorce. Imaginez tous les adultères qui ont eu lieu une fois que la pilule contraceptive a été largement disponible. La peur de tomber enceinte n'était plus un frein aux relations sexuelles extraconjugales (si tant est qu'elle ait jamais été un frein pour certaines personnes). Allons plus loin. À quoi mène le divorce? À l'éclatement de la cellule familiale. Il n'y a jamais eu autant de familles monoparentales dans toute l'histoire de la société qu'à l'heure actuelle.[1]

---

[1] https://archive-yaleglobal.yale.edu/content/out-wedlock-births-rise-worldwide

Chapitre 4 : Sur l'avortement

Cela nous amène à une autre vérité dont personne ne veut parler: la pilule contraceptive est loin d'être infaillible. Les femmes qui prennent la pilule peuvent tomber enceintes, et cela arrive. Combien de femmes sexuellement actives prennent la pilule et sont « stupéfaites » d'apprendre qu'elles sont enceintes? Leur grossesse n'est absolument pas « planifiée » ; elle est une surprise totale. Étant donné qu'elles ne veulent certainement pas se retrouver « coincées » avec une grossesse non désirée, la suite logique est l'avortement, une fois qu'elles ont découvert qu'elles sont effectivement enceintes.

Réfléchissons à la question de la contraception et de l'avortement. Abby Johnson, ancienne directrice de *Planned Parenthood*, une organisation qui dispense des contraceptifs et des avortements, s'exprime avec beaucoup d'éloquence sur ce sujet. Mme Johnson a passé huit ans de sa vie à travailler avec diligence pour cet organisme. Elle est très honnête au sujet des avortements qu'elle a elle-même subis dans le passé. Les choses ont pris une tournure dramatique pour elle le jour fatidique où elle a dû assister l'avorteur dans la salle d'opération; elle a vu de ses propres yeux l'avortement se dérouler sous ses yeux, sur l'écran de l'échographe. Voir le petit être humain dans le ventre de sa mère lutter contre l'appareil d'aspiration qui l'envahissait, l'a traumatisée et lui a fait prendre conscience de ce qu'elle n'avait jamais pleinement compris auparavant. Ce fut le moment décisif où Abby Johnson a pris la décision d'abandonner à la fois son travail d'éducatrice en matière d'avortement et son activisme en faveur de l'avortement. Depuis, elle est devenue l'une des plus ardentes défenseures du mouvement pro-vie aux États-Unis. Le 18 novembre 2018, Mme Johnson a pris la parole lors du dîner de bienfaisance de la National Womanhood pour défendre sa position en faveur des femmes, de la vie et des enfants.[2] Elle a expliqué étape par étape le processus du plan de contraception tel que le prévoit Planned Parenthood. C'est en fait très simple : ils comptent sur le fait que les femmes auront subi jusqu'à trois avortements avant l'âge de trente ans, simplement en raison de l'inefficacité de la pilule contraceptive, qu'ils distribuent eux-mêmes régulièrement aux filles et aux femmes.[3] En réalité, ils comptent sur l'inefficacité de la pilule, ce qui leur fournit une raison de pratiquer des avortements, une industrie qui brasse des milliards de dollars.[4]

Quand j'avais douze ans, j'avais entendu la fille de vingt-deux ans d'une amie de ma mère s'exclamer qu'elle ne comprenait pas comment elle avait pu tomber enceinte, alors qu'elle prenait la pilule depuis l'âge de quinze ans. Surprise ! La pilule ne fonctionne pas toujours. Et oui, elle a avorté; à l'époque, dans les années 70, elle s'est rendue à New York pour subir cette intervention. Son père a raconté plus tard que le médecin avait dû utiliser des curettes pour « gratter ses entrailles » (je suppose maintenant que cela signifiait gratter les restes du petit être humain qui s'accrochait encore à son utérus) et qu'on lui avait dit qu'elle ne pourrait plus jamais avoir d'enfant; elle était en fait stérile.

---

[2] https://www.youtube.com/watch?v=775VuhHFCyE
[3] https://www.youtube.com/watch?v=775VuhHFCyE
[4] https://www.ibisworld.com/united-states/market-research-reports/family-planning-abortion-clinics-industry/

La plupart des filles/femmes ne veulent pas ou ne souhaitent pas avorter, ce qui explique pourquoi elles optent toutes pour la contraception, convaincues que la pilule empêchera toute grossesse et leur permettra une liberté sexuelle totale. Aux États-Unis, selon le Pew Research Center: « *La dernière année pour laquelle le CDC et le Guttmacher* (Institute) *ont publié un total national annuel des avortements est 2020...Le CDC* (Center for Disease Control and Prevention) *indique qu'il y a eu 620 327 avortements au niveau national en 2020 dans le district de Columbia et dans 47 États...* »[5] Doit-on croire qu'aucune de ces 620 327 filles/femmes n'utilisait une méthode contraceptive quelconque? Absolument aucune d'entre elles ne prenait la pilule? Aucune n'utilisait un patch contraceptif quelque part sur son corps? Que plus d'un demi-million de femmes avaient des rapports sexuels « naturels », sans aucune forme de contraception? C'est très difficile à croire. En règle générale, la plupart, sinon toutes les filles et les femmes sexuellement actives, utilisent une forme de contraception. Qu'est-ce que cela signifie? Cela signifie que la contraception, quelle que soit la méthode utilisée, n'est pas infaillible.

Voici un autre élément à prendre en considération. Chaque fois que le sujet de l'avortement est abordé, je vous assure que le tout premier argument avancé pour défendre cette procédure est toujours « le viol et l'inceste ». Toujours. C'est le premier argument « défendable » que les partisans du droit à l'avortement avancent, sans exception. Sommes-nous censés croire que les 620 327 avortements pratiqués en 2020 dans le district de Columbia et dans 47 États ont

---

[5] https://www.pewresearch.org/short-reads/2023/01/11/what-the-data-says-about-abortion-in-the-u-s-2/

été effectués parce que 620 327 filles et femmes ont réellement conçu un enfant malgré le traumatisme du viol et de l'inceste dont elles ont été victimes, défiant l'assaut de l'adrénaline et les réactions chimiques induites par le choc dans leur corp ? J'ai du mal à le croire. Selon le Dr John C. Wilke, dans un article qu'il a écrit pour le Life Issues Institute : « *Passons maintenant à la question importante. Combien y a-t-il de grossesses résultant d'un viol? La réponse est que, selon les rapports statistiques, il n'y a pas plus d'une ou deux grossesses pour 1 000 viols avec violence... Il faut tenir compte de ce qui est certainement l'une des raisons les plus importantes pour lesquelles une victime de viol tombe rarement enceinte, à savoir le traumatisme physique. Toutes les femmes savent que le stress et les facteurs émotionnels peuvent modifier leur cycle menstruel. Pour tomber enceinte et mener sa grossesse à terme, le corps d'une femme doit produire un mélange très sophistiqué d'hormones. La production d'hormones est contrôlée par une partie du cerveau qui est facilement influencée par les émotions. Il n'y a pas de traumatisme émotionnel plus grand pour une femme qu'un viol avec agression. Cela peut perturber radicalement ses chances d'ovulation, de fécondation, d'implantation et même de mener une grossesse à terme.* »[6] (J'invite tout le monde à lire son article; il définit clairement les statistiques et les chiffres associés au viol et aux grossesses aux États-Unis, en remontant jusqu'à 1973). Compte tenu de toutes ces informations, que diriez-vous de réduire mathématiquement de moitié le nombre d'avortements? Devons-nous croire que la moitié de ces 620 327 avortements ont été pratiqués parce que 310 163 filles et femmes sont tombées enceintes à la suite

---

[6] https://lifeissues.org/1999/04/rape-pregnancies-are-rare/

d'un viol ou d'un inceste? Cela reste difficile à croire. Dois-je continuer? D'accord, continuons. Que diriez-vous d'un dixième, cela semble assez raisonnable. Cela signifierait qu'environ 62 033 femmes/filles ont non seulement été victimes de viol et d'inceste en 2020 (ce qui, je l'admets, est tout à fait crédible d'après les statistiques annuelles), mais ont également conçu un enfant dans ces conditions incroyablement stressantes. Encore une fois, si l'on tient compte de toutes les conditions physiques et émotionnelles de chaque fille/femme, ce chiffre reste assez élevé (loin des 1 ou 2 pour 1 000 avancés par le Dr Wilke).

Cela nous amène à la vérité générale sur la question : la plupart des avortements sont demandés par des filles et des femmes sexuellement actives, qui utilisent une forme de contraception qui n'a pas rempli sa fonction supposée de prévention de la grossesse, et qui se retrouvent avec une grossesse non planifiée et non désirée. Non désirée pour une multitude de raisons: instabilité financière, manque de soutien familial, absence de partenaire de vie, mauvaises conditions de logement, trop jeune, à peine capable de prendre soin d'elle-même (sans parler de s'occuper d'un enfant en plus), pas amoureuse de l'homme qui l'a mise enceinte, mauvais timing (carrière ou études), etc... Alors, pourquoi ne pas donner l'enfant en adoption? Non. Cela ne convient pas non plus. Beaucoup de femmes se disent: pourquoi porter un bébé pendant neuf mois pour le confier à quelqu'un d'autre?

Une autre question qui laisse perplexe est le moment choisi pour l'avortement. Il est déjà assez grave de se débarrasser du bébé au cours du premier trimestre, mais imaginez l'horreur des avortements au cours des deuxième et troisième trimestres. Les gens savent-ils seulement comment se déroule une « interruption » de grossesse à un stade avancé? Permettez-moi d'éclairer ceux d'entre vous qui ne le savent vraiment pas (avertissement: contenu explicite) : « *Selon le site web de la Fondation Red Madre, qui aide les femmes en situation de grossesse difficile, la méthode utilisée au cours du deuxième ou du troisième trimestre de grossesse est connue sous le nom d'« accouchement partiel », ce qui signifie que l'avorteur « saisit les pieds du fœtus et tire dessus jusqu'à ce que la partie inférieure de la tête soit exposée. Des ciseaux sont ensuite utilisés pour ouvrir la base du cou, dans laquelle un cathéter est inséré pour aspirer le cerveau.* »[7] C'est assez brutal et carrément barbare. Cela déshumanise complètement la vie de ce petit être humain. Et, malheureusement, cela se produit régulièrement, à l'heure où nous parlons, dans les cliniques d'avortement du monde entier.

Un exemple en particulier est l'expérience d'une ancienne députée britannique, Nadine Dorries, lorsqu'elle était jeune infirmière, lors d'un avortement d'un petit garçon à 27 semaines de grossesse[8]: « *Après que le petit garçon ait été « déposé dans un bassin hygiénique », Mme Dorries, qui travaillait dans le service de gynécologie, a reçu*

---

[7] https://www.Catholicnewsagency.com/news/254748/expert-decries-brutal-discrimination-against-medical-conscientious-objectors-to-abortion

[8] https://www.spuc.org.uk/Article/385712/Former-MP-recalls-horror-of-baby-gasping-for-breath-after-late-term-abortion

l'ordre de l'infirmière en chef de l'emmener. Lorsqu'elle a retiré le papier qui recouvrait le bassin, Mme Dorries a vu le « petit garçon, clignant des yeux, couvert de mucus, de sang et de liquide amniotique, haletant, ses petits bras agités et ses petites jambes tremblantes. J'étais profondément choquée. En pleurant, j'ai bercé le bassin hygiénique dans mes bras... il a cessé de respirer. J'ai regardé ma montre : un petit garçon était né, avait vécu et était mort en l'espace de sept minutes. Mon visage était le seul qu'il ait vu, mes sanglots les seuls sons qu'il ait entendus. »[9] Cette expérience montre la brutalité de l'avortement tant pour le bébé que pour les personnes qui y participent.

Il existe également le documentaire vidéo de 1984 intitulé The Silent Scream (Le cri silencieux)[10], réalisé par le Dr Nathan Williamson, qui documente étape par étape l'horreur de l'avortement à l'aide d'échographies, ainsi que de nombreux témoignages d'Abby Johnson, ancienne directrice d'une clinique Planned Parenthood, notamment dans son livre « *Unplanned: L'histoire vraie et dramatique du parcours révélateur d'une ancienne dirigeante de Planned Parenthood à travers la ligne de vie* », publié en 2011, qui a été adapté au cinéma en 2019 *sous le titre* « *Unplanned* ». Le documentaire du Dr Williamson, et le livre et le film de Mme Johnson, décrivent sans détour la dure réalité de ce qu'est exactement l'avortement. Il est déchirant de voir et d'entendre parler de ce petit être humain sans défense, en plein stade de gestation, qui tente d'échapper à l'aspiration de l'instrument utilisé par l'avorteur; les parties du corps du bébé

---

[9] https://www.spuc.org.uk/Article/385712/Former-MP-recalls-horror-of-baby-gasping-for-breath-after-late-term-abortion

[10] https://www.youtube.com/watch?v=hstRrYsbffM

sont aspirées hors de l'utérus, morceau par morceau, jusqu'à ce qu'il ne reste plus rien à l'intérieur de la mère. La tête de l'enfant est généralement trop grosse pour être « aspirée », c'est pourquoi un autre instrument est utilisé pour la réduire (« écrasée », pour parler crûment). Une fois l'épreuve terminée, les infirmières doivent rassembler toutes les parties du corps dans un plateau, afin de s'assurer que tout le corps a bien été retiré. Cette procédure vise à s'assurer qu'il ne reste rien dans l'utérus de la femme, afin d'éviter toute infection et/ou tout problème médical grave pouvant résulter de la présence de restes humains dans son utérus. Cette étape est effectuée lorsque la femme subit un avortement chirurgical, dans une clinique, avec un médecin. Lorsque les femmes ont recours à un avortement chimique (c'est-à-dire la pilule abortive), sans surveillance médicale, cette étape n'est évidemment pas effectuée. Où est le soi-disant « soin » apporté à la santé et au bien-être de la femme dans le cas des avortements chimiques? Imaginez le traumatisme que subit une femme lorsqu'elle avorte son bébé à domicile. Que fait la femme avec le corps de son bébé? La femme souffre-t-elle d'une hémorragie? Y a-t-il encore des restes humains de son enfant dans son corps?

J'ai récemment regardé un film de 2006 qui donne à réfléchir sur toute cette question de l'avortement; un film charmant intitulé *Bella*, avec l'acteur Edouardo Verástegui. La jeune femme dans le film invoquait toutes les raisons habituelles pour ne pas avoir cet enfant non désiré. Ces raisons sont très réelles pour chaque femme qui traverse cette épreuve difficile. C'est pourquoi nous, en tant que société, devons nous attaquer à toutes les difficultés auxquelles sont confrontées les femmes dans cette situation, les aider concrètement et leur proposer des alternatives à l'avortement, qui, lui, conduit finalement à la mort d'un petit être humain et laisse la femme marquée émotionnellement, psychologiquement et peut-être physiquement, pour le reste de sa vie. Proposer des alternatives à l'avortement est ce que s'efforcent de faire l'Église catholique et les centres d'aide à la grossesse partout en Amérique du Nord; prendre soin et de la mère, et de l'enfant, pendant des années, en veillant à leur bien-être à long terme.

Je ne peux m'empêcher de penser que si chaque personne sur terre pouvait vivre selon les enseignements sociaux et moraux de l'Église, basés sur les paroles mêmes de Jésus-Christ, « ne pèche plus », la plupart des problèmes qui se posent aujourd'hui dans la société n'existeraient tout simplement pas. Si tout le monde vivait chastement, il n'y aurait pas de grossesses dites non désirées et non planifiées. Les hommes et les femmes ne commettraient pas d'adultère; ils mèneraient une vie sexuelle bien ordonnée, fondée sur les préceptes de l'amour, de la fidélité et de la procréation. Depuis l'aube de l'humanité, chaque génération pense avoir découvert le sexe. Comme ma grand-mère le disait avec simplicité et franchise : le sexe et l'argent gouvernent le monde. Et elle avait bien raison !

Maintenant, examinons l'avortement sous un angle totalement différent: celui de la fausse couche, qui, tout le monde en conviendra, n'a rien à voir avec l'avortement. Les parents qui perdent leur enfant à la suite d'une fausse couche ont, pour la plupart, le cœur brisé. Leur adorable petit bébé est mort *in utero*; la mère attendait son bébé avec impatience, préparait la chambre et tout le nécessaire pour accueillir ce nouvel enfant. Les parents et les grands-parents avaient déjà discuté de la création d'un fonds pour financer les études de l'enfant afin de lui garantir une bonne éducation; ils avaient parcouru des livres à la recherche de prénoms potentiels pour le bébé, regardé les vêtements et les articles pour bébés dans les rayons pour enfants de leur grand magasin local, etc... En d'autres termes, ils reconnaissaient qu'il y avait, objectivement parlant, un être humain qui grandissait dans le ventre de la femme, qui aurait besoin de tout le nécessaire pour vivre une fois qu'il aurait quitté le ventre de sa mère, le jour de sa naissance. Par conséquent, la perte de cet enfant, suite à une fausse couche, est un traumatisme très réel. La BBC rapporte aujourd'hui que « *suite à une étude indépendante sur les soins prodigués en Angleterre, le gouvernement délivrera un certificat volontaire aux parents qui perdent leur bébé avant 24 semaines (de grossesse)...L'étude indépendante distincte sur les fausses couches a formulé 73 recommandations visant à améliorer les soins prodigués aux personnes qui perdent leur bébé avant 24 semaines.* »[11] Vous remarquerez sans doute que personne ne remet en question le fait que nous parlons ici d'un être humain; les fausses couches sont sans aucun doute la mort *in utero* d'un bébé, d'un petit être humain. C'est une vérité objective. Il n'y a pas de place pour la relativité subjective ici. Et c'est ainsi que cela devrait être. Imaginez un instant que cette même future mère décide, pour une raison quelconque, qu'elle ne veut pas de cet enfant et demande un avortement. Tout à coup, le discours passerait brusquement de l'objectivité à la subjectivité et à la relativité. Le petit être humain qui grandit silencieusement dans

---

[11] https://www.bbc.com/news/health-66259223

son utérus serait appelé un fœtus, un sac de cellules, un non-être, etc. .. et serait purement et simplement éliminé. C'est pourquoi le langage est si important; les mots que nous utilisons font une énorme différence dans notre société. L'industrie de l'avortement ne veut pas que les femmes réalisent qu'elles tuent leurs propres enfants. Elle nie donc la personnalité/l'humanité du petit être humain qui grandit silencieusement dans l'utérus de sa mère.

Le blogueur Stephen Kneale, pasteur au Royaume-Uni, explique avec éloquence cette contradiction : « ... *la fiction qu'on nous sert constamment, selon laquelle les bébés avant 24 semaines ne sont pas du tout des bébés. Ce ne sont que des fœtus. Des fœtus qui ne sont pas des personnes à part entière. Des non-personnes, en somme, dont on peut simplement se débarrasser si elles ne sont pas désirées. C'est cette ligne qui a été jugée sacro-sainte et sur laquelle s'appuie l'industrie de l'avortement.* » [12]

Le pasteur Kneale poursuit: « *Avant 24 semaines, nous avons affaire à des fœtus qui ne sont pas encore des personnes et qui peuvent légitimement être avortés, car on ne peut pas tuer des non-personnes. Mais ici, on nous dit que les fœtus qui meurent in utero avant 24 semaines sont en fait des pertes de bébés. En effet, l'article de la BBC y fait référence à plusieurs reprises comme à des pertes de bébés. Le gouvernement délivre désormais des certificats pour confirmer qu'il s'agit d'une perte de bébé.* »[13] D'accord. Laissez-moi clarifier les choses: d'un côté, le gouvernement confirme la perte d'un « bébé », donc la

---

[12] https://buildingjerusalem.blog/2023/07/24/schrodingers-foetus/
[13] ibid

perte d'une personne (un être humain). De l'autre côté, l'industrie de l'avortement affirme que ce même enfant est un sac de cellules jetable, une non-personne. Alors, qu'en est-il ? On ne peut pas avoir les deux. Cela renvoie à la théorie du physicien théoricien autrichien Erwin Schrödinger, connue sous le nom de « chat de Schrödinger », une expérience de pensée en mécanique quantique sur la superposition quantique, qui illustre le paradoxe d'être à la fois vivant et mort.[14] Il est évident qu'on ne peut pas être à la fois mort et vivant; il faut choisir l'un ou l'autre.

À ce propos, voici la suite du commentaire du pasteur Kneale sur cette question: « *Il semble que la position officielle soit désormais celle du fœtus de Schrödinger. Les êtres vivants dans l'utérus avant 24 semaines sont à la fois des bébés et des non-bébés. Le décès est à la fois la perte d'un bébé et le simple rejet d'un amas de cellules. C'est la perte d'un être vivant et la dénaturation d'une non-personne.* »[15] Le pasteur Kneale poursuit: « *C'est un fœtus et un bébé qui peut être avorté sans la moindre hésitation et qui doit être pleuré comme la perte dévastatrice d'un véritable enfant. La réalité objective, semble-t-il, n'a pas d'importance. Ce qui compte, ce sont les sentiments subjectifs des parents. S'ils ne voulaient pas faire de fausse couche, c'est la perte d'un bébé. S'ils ont délibérément mis fin à la vie, c'est un avortement fœtal. Nous ne pouvons vraiment pas avoir les deux. Soit la vie qui grandit dans le ventre d'une mère est une personne réelle, une vie réelle, un bébé dont la perte doit être pleurée à juste titre et de manière compréhensible en cas de fausse couche, soit il s'agit simplement d'un fœtus,*

---

[14] https://en.wikipedia.org/wiki/Schr%C3%B6dinger%27s_cat
[15] https://buildingjerusalem.blog/2023/07/24/schrodingers-foetus/

d'un amas de cellules, et non d'un bébé ou même d'une personne dont la perte ne devrait pas être ressentie plus sérieusement que celle de quelques cellules mortes qui se détachent d'un pied. »[16] Voilà donc où nous en sommes: tout se résume à la vérité subjective contre la vérité objective. Si tout le monde choisissait la vérité objective, des générations entières seraient en vie aujourd'hui.

Je m'étonne parfois de l'ironie flagrante et du manque de cohérence des médecins et des infirmières qui, dans un cas, feront tout leur possible pour prodiguer des soins à un bébé prématuré (ce qui est normal), tandis que dans un autre cas, un bébé du même âge sera sommairement avorté. C'est ahurissant! Sauver l'un tout en tuant l'autre. On ne peut pas sérieusement prétendre que l'un est une personne et l'autre non... Chaque bébé, en dedans et en dehors de l'utérus, doit être soigné et protégé. Cela n'a rien à voir avec le «choix» d'une femme. Comme le stipule la Déclaration d'Indépendance des États-Unis: « *Nous tenons pour évidentes les vérités suivantes: tous les hommes sont créés égaux; ils sont dotés par leur Créateur de certains droits inaliénables; parmi ces droits se trouvent la vie, la liberté et la recherche du bonheur.* » [17] La vie, la liberté et la recherche du bonheur... La vie étant le tout premier droit inaliénable et non négociable. Après tout, il faut être en vie pour jouir de la liberté et pouvoir rechercher le bonheur. Personne n'a le droit de décider d'enlever la vie à un être humain innocent, vulnérable et sans défense. Le bébé à naître, dès ses premiers stades, a le droit inaliénable à la vie, au même

---

[16] Ibid.
[17] https://www.archives.gov/founding-docs/declaration-transcript

titre que n'importe qui d'autre. Ce qui nous amène à l'affaire historique Dobbs contre Jackson Women's Health Organization, jugée par la Cour suprême des États-Unis. En juin 2023, la Cour suprême a annulé la légalisation de l'avortement décidée en 1973 dans l'affaire *Roe vs. Wade*. Désormais, chaque État peut statuer sur la légalité de l'avortement. Le Centre d'éthique et de politique publique a publié une analyse complète de tout ce qui concerne la décision Dobbs: « *À la suite de la décision de la Cour suprême dans l'affaire Dobbs, les batailles législatives et judiciaires sur l'avortement se sont largement déplacées vers les différents États, marquant le début d'une nouvelle phase pour le mouvement pro-vie en Amérique.* »[18]

Cela dit, le combat pour les enfants à naître est loin d'être terminé. Les mouvements pro-choix poursuivent sans relâche leur objectif de faire de l'avortement un droit constitutionnel. Les militants pro-vie doivent plus que jamais continuer à être la voix des sans-voix, aussi longtemps qu'il le faudra.

---

[18] https://eppc.org/publication/defending-life-after-dobbs/

Chapitre 5

Sur la liberté d'expression et les héros qui luttent pour une démocratie authentique

« ... *la liberté d'expression est un travail dangereux.* » Jimmy Lai, défenseur de la démocratie et des droits de l'homme, milliardaire et propriétaire du journal pro-démocratie Apple Daily, emprisonné depuis 1 000 jours à Hong Kong.[1]

« *La liberté de penser et de s'exprimer fait partie de nos droits humains inaliénables.* ... » Neil Gorsuch, juge à la Cour suprême des États-Unis, juin 2023, affaire Creative 303 c. Eleni. [2]

La liberté d'expression est censée être pour tous, pas seulement pour certains. J'ai souvent remarqué à quel point cette question est partiale. Certaines opinions et idées sont affichées publiquement et protégées, tandis que d'autres sont réprimées comme des crimes présumés « haineux ». Exprimer ouvertement son désaccord avec l'idéologie LGBTQ , par exemple, est présenté comme de la haine envers ce groupe, ce qui réduit immédiatement au silence les dissidents. À l'inverse, les moqueries et les propos virulents tenus par un groupe LGBTQ , tel que « *The Sisters of Perpetual Indulgence* (Les

---

[1] https://www.forbes.com/sites/ewelinaochab/2023/09/26/fighting-for-freedom-of-speech-jimmy-lais-1000-days-in-prison/

[2] https://adflegal.org/client/lorie-smith

Soeurs de l'Indulgence Perpétuelle)», à l'encontre de l'Église catholique, ont été publiquement récompensés et célébrés par un complexe sportif, le Dodger Stadium,[3] aux États-Unis, au printemps 2023. Ces soi-disant « sœurs », en réalité des hommes travestis, ont bénéficié d'une totale liberté d'expression, principalement pour ridiculiser l'Église catholique, en toute impunité.

Un autre exemple de liberté d'expression partiale est celui qui s'est produit lors de la cérémonie d'ouverture des Jeux olympiques, à Paris, le 26 juillet 2024.[4] Un groupe de drag queens a reconstitué la scène de la « Dernière Cène », qui rappelle le chef-d'œuvre de Léonard de Vinci.[5] Cet événement controversé a suscité l'indignation dans le monde entier et est considéré comme une véritable moquerie à l'égard des chrétiens. Si quelqu'un se moquait de la communauté LGBTQ2+, il serait critiqué pour son manque de respect. Personne n'oserait ridiculiser cette communauté, surtout à une telle échelle mondiale. Les chrétiens, cependant, sont continuellement ridiculisés pour leur croyance en Jésus-Christ et en l'Eucharistie, et les auteurs de ces actes s'en tirent toujours à bon compte. Comme je l'ai dit, c'est partial. J'épargnerai à mes lecteurs les détails ignominieux de la représentation, qui comprenait un enfant parmi les drag

---

[3] Catholicnewsagency.com/news/254461/dodgers-pitcher-denounces-team-s-decision-to-honor-anti-Catholic-group-god-cannot-be-mocked

[4] https://www.Catholicworldreport.com/2024/07/27/olympic-outrage-and-toothless-christianity/

[5] https://www.Catholicworldreport.com/2024/07/27/Catholic-leaders-join-french-bishops-in-condemning-last-supper-scene-at-paris-olympics-opening/

queens, car il est facile de trouver cette histoire sur Internet et de faire des recherches personnelles sur ce sujet.

Compte tenu de l'importance de la liberté d'expression, il existe une organisation appelée ADF International (Alliance Defending Freedom International (soit l'Alliance International de Défense de la Liberté)), dirigée par un groupe d'avocats et de conseillers juridiques, dont l'engagement national est le suivant : « ... *défendre les droits de nos clients dans les tribunaux du monde entier et défendre les libertés fondamentales auprès des instances législatives nationales, en obtenant des victoires qui créent des précédents et profitent à tous.* » [6] Cette organisation se concentre sur les domaines suivants : liberté d'expression, liberté de religion, caractère sacré de la vie, mariage et famille, et droits parentaux.[7] Elle représente des clients et défend des affaires dans le monde entier. Une affaire en particulier se distingue en matière de liberté d'expression: celle de Päivi Räsänen, en Finlande.[8] Cette femme est médecin, mère de cinq enfants et grand-mère de onze petits-enfants. Elle a été accusée de discours haineux pour avoir donné son opinion personnelle sur le mariage et la sexualité humaine dans une brochure paroissiale, pour avoir exprimé ses opinions lors d'un débat radiophonique et pour un tweet qu'elle a adressé à la direction de son église luthérienne. En juin 2019, Dr Räsänen s'est inquiétée de l'annonce faite par le conseil d'administration de l'Église évangélique luthérienne de Finlande de son parte-

---

[6] https://adfinternational.org/our-model#national-engagement
[7] https://adfinternational.org/our-focus
[8] https://adfinternational.org/cases/paivi

nariat officiel avec l'événement LGBT Pride 2019, d'où son tweet remettant en question cette décision. Au lieu d'engager une discussion sérieuse et de débattre de la pertinence pour une église chrétienne de s'engager dans une telle activité, une plainte pénale a été déposée contre Dr Räsänen. [9]

Dr Räsänen était membre du Parlement finlandais depuis 1995 et ministre de l'Intérieur entre 2011 et 2015. Comme l'a déclaré avec éloquence le directeur exécutif d'ADF International: « *La liberté d'expression est l'un des piliers de la démocratie. La décision du procureur général finlandais d'engager des poursuites contre Dr Räsänen crée un climat de peur et de censure. Si des fonctionnaires engagés comme Päivi Räsänen sont poursuivis au pénal et jugés pour avoir exprimé leurs convictions profondes, cela a un effet dissuasif sur le droit de chacun à s'exprimer librement.* »[10] Cette affaire a été portée devant la Cour suprême de Finlande. Dr Räsänen a fait preuve de courage et de force face à une opposition aussi flagrante à sa liberté d'expression. Son combat est notre combat. Elle est en effet confrontée à l'hostilité et à la censure pour avoir cru et déclaré que le mariage est l'union entre un homme et une femme (un homme biologique et une femme biologique, pour être très clair). Elle est confrontée à l'antagonisme et à la répression pour avoir tweeté un verset de la Bible à cet effet. En d'autres termes, c'est la Bible qui est jugée. Imaginez ce qui pourrait se passer si elle et l'ADF ne gagnaient pas cette

---

[9] https://adfinternational.org/wp-content/uploads/2023/12/Factsheet-Paivi-Rasanen_Word_December-2023-1.pdf

[10] https://adfinternational.org/cases/paivi

affaire: la Bible pourrait être éradiquée afin de ne pas offenser les idéologues LGBTQ.

D'autres cas importants en lien avec la liberté d'expression concernent les libertés créatives associées à la carrière professionnelle. Citons le cas de Lorie Smith, une jeune chrétienne américaine profondément croyante, artiste créative dans l'État du Colorado. Son art exprime qui elle est et ce en quoi elle croit. Elle possède de nombreux talents, notamment dans le domaine des expositions artistiques, de la rédaction publicitaire et de la conception de sites web. Après avoir travaillé pendant des années dans le marketing et le design d'entreprise, Mme Smith rêvait d'ouvrir son propre studio afin de transmettre les messages qui lui tenaient à cœur. C'est ainsi qu'elle a fondé *Creative 303* (en référence à son indicatif régional, dans le Colorado). Son amour pour son métier, associé à son amour pour les gens, lui a permis de mener une carrière parfaite: « *Lorie conçoit des sites web et des graphismes pour tout le monde. Elle met tout son cœur, son imagination et ses talents dans ses créations.* « *J'adore pouvoir choisir des projets qui me correspondent... Lorsque mes clients viennent chez 303 Creative, ils peuvent s'attendre à trouver quelqu'un qui se soucie de leur entreprise et qui partage leur passion* », explique Lorie. « *Chacune de mes créations est le reflet de ma personnalité.* »[11]

Cette passion l'a amenée à élargir son activité pour inclure les clients souhaitant se marier. En tant que chrétienne et adepte des enseignements de la Bible et de Jésus-Christ, Lorie croit que « *le mariage est l'union d'un homme et d'une femme* ». Elle a donc souhaité

---

[11] https://adflegal.org/client/lorie-smith

se lancer dans la conception de sites web consacrés au mariage afin de transmettre la beauté de cette institution, en accord avec les enseignements de sa foi.[12] C'est là que réside le fondement de l'affaire opposant l'État du Colorado à Lorie Smith. Son refus final de concevoir un site web pour un mariage homosexuel.

Lorie Smith n'était pas la seule à devoir se défendre contre des accusations de discrimination à l'égard de la population LGBTQ. Un autre artiste du Colorado, Jack Philips, connu sous le nom de « Cake Artist (Artiste de Gâteau) », menait sa propre défense contre ces accusations, pour avoir refusé d'être contraint d'exprimer son art d'une manière qui allait à l'encontre de ses convictions chrétiennes profondes: créer un gâteau de mariage pour un mariage homosexuel. Dans ces deux cas, leur liberté d'expression était bafouée de manière éhontée. Ils étaient contraints d'exprimer leur art d'une manière qui trahissait leur âme même et leur adhésion à l'enseignement de leur Église, comme l'a exprimé l'équipe juridique de l'Alliance Defending Freedom (ADF) : « *Jack, comme Lorie, est un chrétien dont la foi enseigne que Dieu a conçu le mariage comme l'union d'un homme et d'une femme. Et comme Lorie, Jack ne pouvait imaginer exprimer à travers son art un message qui contredirait sa foi.* »[13] Si Lorie Smith travaillait avec des clients LGBT sur d'autres projets, elle refusait catégoriquement de participer à des mariages homosexuels. Elle savait qu'elle ne pourrait pas utiliser ses talents artistiques pour exprimer des messages qui contredisent ses convictions. Lorsqu'elle a discuté de ce dilemme avec les avocats d'ADF International, ceux-ci ont

---

[12] Ibid.
[13] https://adflegal.org/client/lorie-smith

Chapitre 5 : Sur la liberté d'expression et les héros qui luttent

confirmé sa crainte : « *...les autorités du Colorado censuraient en fait son discours et pouvaient la forcer à créer et à promouvoir des messages qui violaient l'essence même de sa personne. Le fait qu'elle travaillait avec enthousiasme avec des clients de tous les horizons, y compris ceux qui s'identifient comme LGBT, ne ferait aucune différence. Pas plus que le fait que sa décision de créer soit toujours basée sur le message célébré, et non sur les personnes impliquées.* »[14] Avec courage et détermination, et l'aide de l'ADF, Lorie Smith a décidé de contester cette loi injuste, qui lui refusait la liberté d'expression, en intentant un procès fédéral contre l'État du Colorado en septembre 2016. Il a fallu des années de lutte contre cette érosion de sa liberté d'expression avant que Lorie Smith ne soit finalement innocentée : « *Le 30 juin 2023, la Cour suprême a rendu un arrêt historique en faveur de Lorie Smith, protégeant le droit à la liberté d'expression de tous les Américains. L'affaire 303 Creative c. Elenis a marqué la 15e victoire de l'ADF devant la Cour suprême depuis 2011.* »[15] Quant au pâtissier Jack Smith, même après deux victoires devant la Cour suprême, il est injustement poursuivi pour la troisième fois. Il endure cette situation depuis onze ans. L'ADF et Jack Philips continuent de défendre leur position, au nom de la liberté d'expression, conformément au premier amendement de la Constitution des États-Unis, qui, après tout, garantit ce droit à tous. Lorsque le droit au premier amendement d'une personne est bafoué, le droit de tous peut être bafoué. Une victoire pour l'un est une victoire pour tous.

---

[14] Ibid.
[15] https://adflegal.org/client/lorie-smith

Le dernier cas en date de violation de la liberté d'expression concerne la photographe new-yorkaise Emilee Carpenter: « *La loi de l'État de New York oblige la photographe et blogueuse Emilee Carpenter à créer des photographies et des blogs célébrant les mariages homosexuels si elle le fait pour les mariages entre un homme et une femme. Les sanctions pour violation de la loi comprennent des amendes pouvant aller jusqu'à 100 000 dollars, la révocation de la licence commerciale et jusqu'à un an de prison.* »[16] Une fois de plus, ADF International se mobilise pour défendre le droit à la liberté d'expression d'une personne. Brian Neihart, conseiller juridique d'ADF, déclare: « *La liberté d'expression est pour tout le monde. Comme l'a réaffirmé la Cour suprême dans l'affaire 303 Creative, le gouvernement ne peut pas forcer les Américains à dire des choses auxquelles ils ne croient pas...La Constitution américaine protège la liberté d'Emilee d'exprimer ses propres opinions alors qu'elle continue à servir des clients de tous les horizons et de toutes croyances. Nous demandons instamment au tribunal de district de respecter cette liberté et de suivre le précédent établi par la Cour suprême afin qu'Emilee puisse s'exprimer et créer en accord avec ses convictions. Cette liberté protège Emilee et tous les Américains, quelles que soient leurs opinions .* »[17] Mme Carpenter est contrainte de créer des messages qui vont à l'encontre de ses convictions sur le mariage, ce qui annule sa liberté d'expression. Cette affaire est la plus récente à ce jour, datant du 15 juillet 2024. Espérons que la bataille menée par l'ADF et Emilee Carpenter pour

---

[16] https://adflegal.org/case/emilee-carpenter-photography-v-james

[17] https://adflegal.org/press-release/2nd-circuit-rules-photographer-challenging-ny-laws-compelling-speech

la liberté d'expression sera couronnée de succès. L'avenir nous le dira.

Ces affaires historiques ne se limitent pas aux États-Unis. La liberté d'expression est également menacée chez leur voisin et allié du nord, le Canada. Aux États-Unis, le premier amendement garantit la liberté d'expression et la liberté de religion. Au Canada, « ... *les droits et libertés inscrits dans la Charte ne sont pas absolus. Ils peuvent être limités afin de protéger d'autres droits ou des valeurs nationales importantes. Par exemple, la liberté d'expression peut être limitée par des lois contre la propagande haineuse ou la pornographie infantile* ».[18] Cela soulève la question de savoir qui décide de ce qui constitue une propagande « haineuse » ; comment le gouvernement discerne-t-il ce qui relève de la « haine » ? La chaîne d'information locale de ma ville brandit quotidiennement le mot « haine » à l'encontre de toute personne qui n'est pas d'accord avec l'idéologie LGBTQ+ dominante. Un catholique fervent est qualifié de « haineux » parce qu'il n'est pas d'accord avec le mariage gay ou l'enseignement de la sodomie dans les écoles. Théoriquement, je pourrais aller en prison simplement pour avoir écrit les phrases précédentes.

Au Canada, un homme en particulier est au cœur de la résistance contre l'imposition actuelle de l'idéologie woke qui balaye la civilisation occidentale. Cet homme est le Dr Jordan Peterson, psychologue, professeur à l'université et écrivain, qui refuse d'être contraint de dire des choses auxquelles il ne croit pas. Il refuse de se laisser

---

[18] https://www.canada.ca/en/canadian-heritage/services/how-rights-protected/guide-canadian-charter-rights-freedoms.html

dicter sa conduite par le langage de genre dominant qui nie la réalité biologique. Cet homme a été victime de persécutions, de procès et a perdu son statut et sa position, à cause de ce qu'il appelle « *la législation canadienne sur le discours obligatoire* ».[19] Sans son courage et ses convictions personnelles profondes en matière de liberté, il aurait peut-être cédé à l'intimidation de la société. Il a tenu bon pendant de nombreuses années, devant lutter contre l'idéologie culturelle. Des tactiques d'intimidation sont utilisées pour réduire au silence les personnes qui s'en tiennent à la science et à la génétique. Bien que le Dr Peterson n'ait aucune animosité envers qui que ce soit, et encore moins envers les personnes transgenres, il refuse de se plier à l'oppression dictatoriale qui consiste à utiliser des pronoms contraires à la génétique et à la science biologique. Adopter cette position en faveur de la réalité n'est absolument pas de la discrimination ou de la haine. Au contraire, cela montre un amour de la vérité et un respect de la nature. De nombreuses personnes soutiennent la position du Dr Peterson et savent qu'il se bat pour tous ceux qui croient en la liberté d'expression. Il suffit de regarder certaines de ses vidéos sur YouTube et de l'écouter, ou de lire ses nombreux livres, pour comprendre qui est cet homme et pour quelles raisons il se bat. Une vidéo en particulier, intitulée « *You must stand up to Woke Ideology* » (*Vous devez vous opposer à l'idéologie woke*),[20] présente l'accumulation progressive, au fil des ans, des revendications qui ont finalement conduit à la situation actuelle de la société. Le Dr Peterson raconte comment il a été témoin de la suppression progressive

---

[19] https://www.youtube.com/watch?v=Xmyud5O54Ds
[20] https://www.youtube.com/watch?v=Xmyud5O54Ds

Chapitre 5 : Sur la liberté d'expression et les héros qui luttent   93

de ses pairs et collègues, au fil du temps, jusqu'à ce qu'ils soient effectivement empêchés de participer à des discussions constructives ou de poser des questions pertinentes sur des sujets importants. Comme il le dit, en se laissant supprimer, et donc en adoptant une attitude d'évitement, la « horde » woke a pris de l'ampleur au fil du temps et a établi son règne sur la culture.[21] Ayant étudié le totalitarisme pendant plus de quarante ans, il en explique avec éloquence le fondement: le mensonge. Tout le monde ment en ne défendant pas la vérité. Se mentir à soi-même, ainsi qu'aux autres, est le moyen d'être conduit à un mode de vie totalitaire.

Si je compare cela à ma propre expérience en tant qu'enseignante, je comprends facilement la thèse du Dr Peterson selon laquelle le mensonge est à l'origine de ce type de régime. Pendant tout un semestre, j'ai été contraint de m'adresser à l'une de mes collègues comme à un homme, en utilisant les pronoms préférés de cette femme. Elle se mentait à elle-même, consciemment ou inconsciemment, en faisant croire qu'elle était un homme. Les autorités scolaires agissaient en fait comme une police linguistique afin d'imposer le mensonge selon lequel elle était un homme. Je me suis laissé contraindre. Cela m'a donné l'impression de me trahir moi-même, ainsi que Dieu et la nature. En me conformant aux édits de la société dans laquelle je me trouvais, ma liberté d'expression était nulle et non avenue, et je participais à un mensonge collectif. Je faisais essentiellement ce que le Dr Peterson définit comme un « micro-recul

---

[21] Ibid.

». Je me laissais annuler et contraindre à faire quelque chose qui allait à l'encontre de ma conscience, par peur, comme le dit le Dr Peterson, des « *tyrans idéologiquement possédés* »[22].

Même si j'admets que je n'ai pas eu le courage de défendre mes convictions (et que j'ai donc accepté cette forme de totalitarisme), je dois dire pour ma défense que je n'étais pas aussi bien informée sur les tenants et aboutissants de ces idéologies que je le suis aujourd'hui. De plus, je devais tenir compte de ma vie personnelle, principalement de mes responsabilités envers ma famille. Aurais-je été en mesure de supporter des années de batailles juridiques si j'avais été licenciée et poursuivie en justice pour avoir refusé d'utiliser les pronoms préférés de mes élèves et collègues? Avais-je un autre moyen de gagner ma vie sur lequel me rabattre? À la fin de mon contrat, j'ai fait un compromis et j'ai quitté cet établissement pour trouver un emploi dans une autre école, et je me suis informée pendant les trois années suivantes afin de savoir comment mieux défendre mes droits à la liberté d'expression à l'avenir. À un moment donné dans le futur, si et quand les choses se gâteront, j'espère que ma peur de ne pas dire la vérité l'emportera sur ma peur de dire la vérité. Écouter quelqu'un comme le Dr Jordan Peterson fait partie de mon autoformation sur ce sujet particulier. Je recommande vivement de lire et d'écouter les opinions de Jordan Peterson sur l'idéologie woke et la société en général, afin de mieux comprendre ce qui se passe actuellement dans notre monde et comment mieux faire face aux problèmes auxquels sont confrontés les citoyens partout dans le monde. C'est un homme sérieux et compatissant, qui voit les deux côtés d'une question. Son

---

[22] https://www.youtube.com/watch?v=Xmyud5O54Ds

calme face aux tempêtes et son raisonnement pratique contribuent grandement à apprendre comment naviguer au mieux dans les eaux troubles de la culture actuelle.

En août 2024, la Cour suprême du Canada a refusé d'entendre l'appel interjeté par le Dr Peterson contre la décision du Collège des psychologues de l'Ontario de lui imposer une formation sur les réseaux sociaux en raison de ses opinions publiquement exprimées sur les idéologies culturelles actuelles. Selon CBC News (Canadian Broadcasting Corporation), cette décision a suscité de nombreux commentaires sur le danger d'une érosion des droits à la liberté d'expression des Canadiens : « *L'avocat de Peterson, Howard Levitt, a qualifié cette décision de « jour tragique pour le Canada ». « Il semble ironique, voire tragique, que lui, l'une des personnes les plus habiles dans le domaine des réseaux sociaux dans ce pays et au-delà, doive suivre une « rééducation » dispensée par des personnes intrinsèquement moins compétentes et moins informées que lui », a écrit Levitt dans un courriel adressé à CBC News. « Cette décision est une tragédie pour la liberté d'expression dans ce pays. » M. Levitt, avocat spécialisé en droit du travail, a déclaré que cette décision aurait un effet « dissuasif » sur les Canadiens qui exercent des métiers et des professions réglementés.* »[23] Cette affaire a duré une année entière et a soulevé des questions, notamment celle de savoir si un organisme professionnel outrepasse son autorité lorsqu'il impose des sanctions sur la manière dont une personne exprime ses opinions: « *L'Association canadienne des libertés civiles (ACLC) est intervenue devant la cour*

---

[23] https://www.cbc.ca/news/politics/supreme-court-jordan-peterson-1.7288497

de l'Ontario, affirmant que, bien qu'elle ne partage pas les opinions de Peterson, elle estime que les organismes de réglementation professionnels ne devraient pas contrôler les discours qui ne sont pas directement liés à la pratique professionnelle.[24] Même le chef conservateur du Canada de l'époque, Pierre Poilievre, candidat possible comme futur premier ministre du Canada, s'était prononcé sur cette question plus tôt dans l'année: « *Une autre attaque scandaleuse contre la liberté d'expression, alors que les régulateurs tentent de forcer Peterson à suivre un programme de rééducation pour avoir exprimé des opinions politiquement incorrectes* », a-t-il publié sur les réseaux sociaux... »[25]

Pour poursuivre sur l'importance d'une démocratie qui chérit la liberté d'expression, l'un des cas les plus importants au monde se déroule actuellement à Hong Kong. Il concerne Jimmy Lai, un milliardaire de 77 ans, actuellement emprisonné pour avoir eu le courage de défendre la démocratie et la liberté d'expression. M. Lai aurait pu choisir la facilité et venir vivre le reste de sa vie aux États-Unis dans une paix relative. Mais cet homme est profondément convaincu de l'importance de la vérité et de la liberté. Il est en train de sacrifier sa vie pour la cause de la liberté. Il existe un documentaire sur ce sujet intitulé « *The Hong Konger : Jimmy Lai's Extraordinary Struggle for Freedom* » (*Le Hongkongais : l'extraordinaire combat de Jimmy Lai pour la liberté*).[26] Produit par le *Acton Institute*,[27] ce documentaire

---

[24] Ibid.

[25] Ibid.

[26] https://thehongkongermovie.com/

[27] https://www.acton.org/

retrace la vie de cet homme chinois doté d'un incroyable talent d'entrepreneur et d'un don pour gagner de l'argent. Le spectateur découvre son ascension dans le système de libre marché, la création de sa marque de vêtements Giordano et de son journal démocratique Apple Daily, son activisme en faveur de la liberté pour tous en Chine, et donc pour tous dans le monde, sa conversion au catholicisme, la fermeture de son empire médiatique par le gouvernement chinois et finalement, son emprisonnement. Un portrait fascinant d'un homme fascinant. Son témoignage dépasse largement les frontières de la Chine. Il donne sa vie pour sa conviction profonde que chaque être humain a le droit d'exercer ses convictions les plus intimes. Il refuse d'être muselé et de se plier aux édits chinois qui imposent de suivre la ligne du Parti communiste. Et, ce qui est particulièrement louable, il y parvient dans une paix et une non-violence totales. Un véritable martyr de notre époque. Je recommande vivement à toute personne intéressée par les droits fondamentaux de l'homme de regarder ce documentaire gratuit en ligne. Une fois que vous l'aurez vu, engagez vos amis et les membres de votre famille dans des discussions et des débats sur la démocratie, le capitalisme contre le communisme et la liberté d'expression. Plus le message se répandra, plus la société pourra, espérons-le, lentement mais sûrement, une personne à la fois, revenir à la foi et à la raison, ce dont notre monde a grandement besoin à l'heure actuelle.

Il est dans l'intérêt de tous de défendre la liberté d'expression. L'érosion de ce droit est une érosion de la société. La vague actuelle de l'idéologie woke, qui couvre tout, des soi-disant « droits à la santé reproductive » (lire « droits à l'avortement », étant donné qu'il n'y a en réalité aucune reproduction impliquée) aux soins transgenres en passant par les droits LGBTQ , entre autres questions, mise sur le fait que ses détracteurs seront intimidés et réduits au silence. La répression des voix dissidentes a dépassé les limites. Par exemple, la réalité biologique est niée avec véhémence afin de promouvoir des concepts dangereux tels que la mutilation physique des mineurs, sous le couvert de « soins affirmant la transidentité ». Quiconque s'oppose publiquement à l'idée qu'une jeune fille de quinze ans subisse une double mastectomie pour traiter sa dysphorie de genre est publiquement qualifié de discriminant envers cette partie de la société et d'incitant à la haine. Rien ne pourrait être plus éloigné de la vérité. Ce n'est pas la haine qui nous pousse à dénoncer la barbarie de la mutilation légale des enfants. C'est l'amour du prochain qui nous pousse à essayer de sauver les adolescents vulnérables de la manipulation qui les conduit à subir des chirurgies expérimentales et à prendre des médicaments tels que les bloqueurs de puberté. L'une des plus éloquentes défenseurs d'une prise en charge véritable et authentique des mineurs souffrant de dysphorie de genre est la psychiatre américaine Miriam Grossman.[28] Cette femme a mis toute sa carrière en jeu en s'exprimant publiquement, lors de conférences, d'interviews et dans des ouvrages tels que *Lost in Trans Nation: A Child Psychiatrist's Guide Out of the Madness.*[29] J'invite tout le monde à lire ce livre révélateur afin de pouvoir débattre efficacement avec quiconque défend les soi-disant « soins d'affirmation du genre

---

[28] https://www.miriamgrossmanmd.com/about-4
[29] Ibid.

» pour les mineurs. J'espère sincèrement que cette médecin courageuse pourra continuer à exercer sa liberté d'expression afin de défendre les jeunes partout dans le monde.

Enfin, la plupart des gens mènent une vie quotidienne assez monotone et ne sont pas confrontés à des atteintes à leur liberté d'expression. Il est tout à fait normal qu'ils ne soient pas contraints d'aller à l'encontre de leurs convictions et de tenir des propos auxquels ils ne croient pas. Cela dit, ils doivent néanmoins s'engager à préserver ce droit humain fondamental, pour tous. Personne ne peut prédire l'avenir; personne ne sait avec certitude où il sera dans un an, dans dix ans, ou même demain. Pouvoir compter sur les droits fondamentaux de l'homme est primordial pour la coexistence harmonieuse de l'humanité, et la liberté d'expression figure en tête de liste des droits fondamentaux de l'homme.

Chapitre 6

Sur la vérité, la foi et la raison

« Si vous voulez vous en tirer en mentant, commencez par changer le langage. » (Mitch Albom; *The Little Liar*, 2023, Harper Collins)

« Il n'a donc pas dit un mot... Parfois, ce sont les vérités que nous ne disons pas qui résonnent le plus fort. » (Mitch Albom; *The Little Liar*, 2023, Harper Collins*)*

« Vous pouvez croire l'histoire que vous allez entendre. Vous pouvez la croire parce que c'est moi qui vous la raconte, et je suis la seule chose au monde en qui vous pouvez avoir confiance... Je suis l'ombre que vous ne pouvez pas distancer, le miroir qui reflète votre image finale. Vous pouvez éviter mon regard pendant toute votre vie sur terre, mais croyez-moi, c'est moi qui ai le dernier mot. Je suis la Vérité. »
(Mitch Albom; *The Little Liar*, 2023, Harper Collins)

Pendant mes vacances d'été, j'ai pris le temps de lire quelques romans. L'un d'entre eux était *The Little Liar (Le petit menteur)* de Mitch Albom, l'histoire captivante d'un garçon hanté par un mensonge qu'il a été manipulé pour répéter, et qui a finalement condamné toute sa famille juive, ainsi que d'autres personnes, à mourir dans un camp de concentration nazi. Je suis enclin à établir un parallèle entre le sujet de cette histoire et la culture actuelle, qui pervertit le langage afin d'orienter la société vers un programme idéologique « woke » qui introduit des idées auxquelles nos ancêtres n'auraient jamais osé songer.

Il existe une citation attribuée à Napoléon Bonaparte selon laquelle « *l'histoire est un ensemble de mensonges que tout le monde accepte de* croire ».[1] Je ne peux m'empêcher de faire le parallèle entre cette observation et notre époque actuelle. Ce qui est diffusé sous forme de rhétorique par les politiciens, les gouvernements et le système éducatif n'est en fait qu'un ensemble de mensonges, véhiculés par un langage perverti, que tout le monde répète. Lorsque ces répétitions sont suffisamment diffusées, sans que personne ne s'y oppose, elles sont rapidement acceptées comme vérité. Une fois cette fausse vérité solidement ancrée, quiconque ose la remettre en question est effectivement éliminé par l'intimidation, la perte d'emploi, les accusations de discrimination et de haine, la publicité négative indésirable, les poursuites judiciaires et, dans le pire des cas, l'emprisonnement.

Le moyen le plus simple de laver le cerveau de tout un pays est de changer le langage, c'est-à-dire changer les mots (le vocabulaire en soi). Lorsque Notre Seigneur et Sauveur Jésus-Christ a dit: « *Que votre oui soit oui, et que votre non soit non. Tout ce qui dépasse cela vient du malin* » (Matthieu 5:37), il savait de quoi il parlait. Un langage direct et honnête conduit rarement à la confusion. Pervertir la

---

[1] https://www.napoleon.org/en/magazine/publications/a-set-of-lies/

vérité simple conduit à l'incertitude et à l'ignorance, d'où la voie pernicieuse qui consiste à conditionner les gens à accepter l'inacceptable. Par exemple, le mot « avortement »[2] est utilisé pour désigner le meurtre d'un embryon[3] ou d'un fœtus.[4] Étant donné que les avortements ont lieu au cours du premier, du deuxième et du troisième trimestre de la grossesse, les avortements consistent en fait à enlever la vie d'un bébé à naître[5] dans le ventre de sa mère. Aujourd'hui, afin d'atténuer la pression en faveur de l'avortement légal des bébés à naître, le terme « avortement » a été transformé en un terme plus acceptable socialement: *les soins de santé reproductive*. Pourquoi quelqu'un s'opposerait-il à cela? La santé, c'est bien. Les soins, c'est bien. La reproduction, c'est bien. Mais, en fin de compte, il s'agit d'un langage trompeur. Ce langage s'est éloigné de la vérité. Réfléchissez-y. L'avortement n'a rien à voir avec la « reproduction ». Il n'y a aucun « soin de santé » pour le bébé dans l'utérus. Et il n'y a certainement aucun soin pour la femme qui reçoit par la poste des pilules abortives chimiques afin de pratiquer un avortement « maison », seule, sans médecin ni infirmière à ses côtés, risquant potentiellement sa vie en se vidant de son sang sur le sol de sa salle de bain. Imaginez simplement l'expérience traumatisante de voir ce petit être humain sortir de votre corps, couvert de sang, et de devoir vous en débarrasser d'une manière ou d'une autre. Est-ce cela, des « soins » ? Je ne vois aucun signe de « soins » pour qui que ce soit dans ce scénario. Par conséquent, l'euphémisme « soins de santé reproductive » est un

---

[2] https://www.merriam-webster.com/dictionary/abortion
[3] https://www.merriam-webster.com/dictionary/embryo
[4] https://www.merriam-webster.com/dictionary/fetus
[5] https://www.merriam-webster.com/dictionary/preborn

mensonge flagrant, véhiculé par un langage corrompu, diffusé à plusieurs reprises dans les médias, afin d'ancrer fermement dans l'esprit de chacun la mentalité souhaitée par l'industrie de l'avortement, qui brasse des milliards de dollars.

C'est le même concept pour Planned Parenthood,[6] l'organisation qui fournit des moyens de contraception et qui pratique des avortements pour les femmes. Le nom lui-même est trompeur, c'est un mensonge (*Planned Parenthood* se traduisant à Planification Parentale; en d'autres mots, planifier pour devenir un parent). En vérité, ils n'aident pas les femmes à planifier leur parentalité; au contraire, ils leur fournissent les moyens de ne pas devenir mères. Lorsque j'étais enfant, dans les années 70, j'entendais ce nom circuler à la télévision ou dans les conversations des adultes autour de moi. Je n'avais aucune idée de ce dont ils parlaient et je ne savais pas du tout ce qu'était réellement Planned Parenthood. Étant enfant, je me fiais innocemment à ma connaissance des mots « planned » (planifié) et « parenthood » (parentalité). Je pensais naturellement qu'il s'agissait d'une façon de planifier la création d'une famille, ce que je trouvais être une bonne chose. C'est là que réside le lavage de cerveau, par le simple recours à un langage trompeur. Un nom anodin, positif et sain pour une organisation qui supervise essentiellement la destruction délibérée des bébés. Un jour, fort de ma sagesse de mes neuf ans, j'avais dit à ma mère que Planned Parenthood aidait les gens à fonder une famille. Elle m'avait immédiatement corrigé et m'avait dit que c'était exactement le contraire. Plus tard, j'ai compris par moi-même la justesse de sa réponse. Mais tout le monde ne se rend

---

[6] https://www.plannedparenthood.org/

pas compte de la vérité sur la perversion du langage. Si la vérité était la pierre angulaire de chaque organisation, de chaque politicien et de chaque programme, il y aurait moins de confusion.

Un autre exemple de falsification de la vérité, voire d'endoctrinement pur et simple, est le mouvement transgenre mené par une élite minoritaire, qui est en train de conquérir la civilisation occidentale. Je me demande pourquoi les gens répandent délibérément le mensonge selon lequel un homme peut devenir une femme et une femme peut devenir un homme. Quiconque possède un minimum de connaissances en biologie sait que c'est impossible. Pourquoi ne pas simplement se contenter de dire la vérité pure et simple: grâce à la technologie médicale et aux progrès scientifiques actuels, il est possible, par voie chirurgicale, de castrer un homme et de lui façonner un semblant d'organes génitaux quasi-féminins, ainsi que de transformer les organes génitaux féminins en un semblant d'appendice masculin, de prescrire des hormones pharmaceutiques pour modifier la voix, la pilosité et la texture de la peau, et de pratiquer diverses autres interventions chirurgicales, le résultat final étant de donner à un homme biologique l'apparence extérieure d'une femme et à une femme biologique l'apparence extérieure d'un homme. C'est là une description honnête de la réalité. Au lieu d'être véridique, le discours véhiculé est qu'il est possible de changer de sexe et de devenir l'autre sexe. Il s'agit là d'un déni direct de la génétique, et donc d'un mensonge. Par conséquent, non seulement la vérité est violée, mais aussi la raison. La raison dicte que la science biologique, génétique, médicale et anatomique est, en somme, niée.

Le milliardaire Elon Musk comprend bien la notion de langage trompeur et mensonger. J'ai récemment lu et regardé son témoignage, dans une interview qu'il a accordée au Dr Jordan Peterson, psychologue clinicien, sur la perte de son fils au profit de l'idéologie woke, après avoir été berné par les mensonges qu'on lui avait racontés : « *...Elon Musk, alors qu'il racontait à Jordan Peterson comment il avait été « piégé » pour permettre à son fils de devenir une « fille »... il a déclaré avoir été trompé pour « signer des documents » afin que l'un de ses fils aînés, Xavier, puisse prendre des bloqueurs de puberté... L'affirmation la plus effrayante de Musk est qu'on lui a dit que son fils « pourrait se suicider » si on l'empêchait de changer de sexe. À ce moment-là, Peterson intervient: « C'était un mensonge dès le départ ! », dit-il. Aucun « clinicien fiable » ne dirait jamais qu'il existe un lien entre le fait d'empêcher un enfant de prendre des bloqueurs de puberté et un risque plus élevé de suicide, affirme Peterson. Musk est d'accord. C'est « incroyablement malveillant », dit-il.* »[7]

Il existe différentes façons de mentir. Il y a le mensonge flagrant, qui est facile à démasquer. Les enfants passent parfois par des phases où ils mentent, et les parents ne sont pas dupes. Certains mensonges contiennent une part de vérité et sont donc plus pernicieux et inquiétants, car ils sont moins faciles à détecter. Ils font appel à l'hypocrisie. Tôt ou tard, les gens finissent par comprendre ce type de mensonge et perdent tout respect pour la personne qui ment. D'autres mentent par omission, en omettant des faits importants,

---

[7] https://www.spiked-online.com/2024/07/23/elon-musk-has-revealed-the-pain-of-losing-a-child-to-the-trans-cult

sachant très bien que leur interlocuteur tirera des conclusions erronées. C'est pourquoi le vieil adage « l'honnêteté est la meilleure politique » était la bonne façon de vivre sa vie, pour tout le monde. La vérité, associée à la raison, est louable, sur tous les fronts.

De nos jours, une vague de vérité subjective s'empare des gens. Ils mettent de côté la vérité objective au profit de leur propre version de la vérité, dictée par leurs sentiments et leurs désirs. Si une personne « se sent » comme le sexe opposé et désire être du sexe opposé, cette personne est conditionnée par les normes sociales à croire qu'elle peut réellement et véritablement devenir le sexe opposé. La réalité de cette personne est soumise à ses sentiments. Il y a donc une perte d'objectivité concernant la réalité génétique.

De plus, l'utilisation de la raison, fondée sur la science et le bon sens, fait généralement partie intégrante de la vérité objective, qui est une vérité indéniable et immuable, quel que soit le discours tenu, à un moment donné, par une personne donnée, pour un agenda donné. Peu importe le nombre de fois où des personnes influentes affirment que le genre n'est pas binaire, que les gens peuvent choisir leur genre et/ou leur sexe, que défendre la vérité biologique est synonyme de haine et de discrimination, et tous les autres mensonges qui sont perpétués, la vérité reste la vérité, point final. Les gens se laissent manipuler par le gouvernement et les médias sociaux pour croire à des mensonges, et les perpétuent sans fin en relayant ces faux messages à d'autres.

Or, la vérité et la raison font partie intégrante de la vie de chacun. Les très jeunes enfants ont un sens inné de la vérité et de la justice. Avez-vous déjà observé des enfants s'amuser dans une cour de récréation? Dès qu'un enfant triche à un jeu ou profite de l'erreur de quelqu'un d'autre, des protestations bruyantes telles que « ce n'est pas juste » montrent clairement qu'ils utilisent leur raisonnement et leur sens de la vérité et de la justice pour signaler rapidement l'injustice et la fausseté de l'action de quelqu'un d'autre. Cela dit, les enfants sont des enfants, et ils sont facilement influençables et manipulables par les personnes plus âgées qui les entourent. Il est désormais assez courant d'entendre des enfants d'âge primaire pontifier sur leur droit d'être du genre de leur choix. Ils rentrent de l'école en agitant un drapeau LGBT miniature et en répétant les discours sur les droits des transgenres qu'ils ont entendus à l'école. Ils sont beaucoup trop jeunes pour comprendre les conséquences physiques et psychologiques de choses telles que les chirurgies « top (supérieures) » et « bottom (inférieures) » et les résultats médicaux qui en découlent. Les enfants d'aujourd'hui sont trahis par la société et n'ont pas la maturité requise pour comprendre ce qui se passe.

Si la vérité et la raison sont des aspects fondamentaux d'une vie bien ordonnée, un troisième aspect fait également partie de l'expérience humaine: la foi. Je parle ici de la foi en Dieu, notre Créateur. De nombreux athées ont foi en leurs semblables: ce sont des humanistes. Cela dit, les êtres humains ne sont pas parfaits. Combien de relations ont été détruites, à travers l'histoire, à cause de la fragilité humaine et de l'incapacité à respecter ses engagements? La foi en autrui n'est pas comparable à la foi en Dieu. Il existe trois religions monothéistes dans le monde: le christianisme, le judaïsme et l'islam croient en un seul Dieu. Ils croient au même Dieu: le Dieu d'Abraham, d'Isaac et de Jacob, de Moïse, de l'Ancien et du Nouveau Testament (les catholiques soutiennent que la plénitude de la révélation de Dieu est donnée en Jésus-Christ et dans la Très Sainte Trinité). Selon les statistiques, ces trois religions représentent environ 55 % de l'appartenance religieuse mondiale.[8] Les personnes qui croient en Dieu, par définition, ont la foi. Les personnes qui ont la foi croient généralement en la raison et croient généralement en la vérité. Pourtant, de nombreuses personnes religieuses croient à la rhétorique idéologique qui les bombarde quotidiennement, dans les médias et sur les réseaux sociaux. Cela démontre le pouvoir que la culture exerce sur les habitants de la société. Les personnes chargées de promulguer les lois et d'influencer l'opinion publique devront répondre directement à Dieu de leurs actes, une fois leur vie sur terre sera terminée.

La foi est un don de Dieu. Si nous avons la foi, ce n'est pas grâce à nos propres mérites. Elle a pu être nourrie en nous, pendant notre enfance, par nos parents et nos grands-parents. D'autres ont trouvé la foi par la raison, à travers la science et la beauté de l'art, grâce à des amis ou à leur conjoint, en recherchant la vérité ultime ou en écoutant une interprétation enthousiasmante du Messie, l'oratorio classique de Haendel. Ou comme Blaise Pascal, le célèbre mathématicien, à la suite d'un accident de la route, lorsqu'il s'est retrouvé face à sa mortalité. Ce grand penseur a pris la décision intellectuelle, par

---

[8] https://www.pewresearch.org/religion/2012/12/18/global-religious-landscape-exec/

le biais de son raisonnement, de vivre sa vie comme s'il croyait en Dieu, par le simple expédient d'un pari: « *Pesons le gain et la perte dans le pari que Dieu existe. Estimons ces deux chances. Si vous gagnez, vous gagnez tout; si vous perdez, vous ne perdez rien. Pariez donc sans hésitation qu'Il existe.* »[9] Par la grâce de Dieu, son « pari » a été récompensé par une foi véritable en Dieu. Quelle que soit la manière dont une personne parvient à la foi, elle est généralement reconnaissante à Dieu de l'avoir amenée à cette foi.

Ces trois grands dons que sont la foi, la raison et la vérité devraient nous inciter à nous méfier des mensonges et des perversions hypocrites qui sont imposés dans nos communautés. Être fidèle à la vérité est le seul moyen de lutter contre les mensonges qui nous entourent. La réalité biologique n'est ni de la haine, ni de la discrimination. Castrer les garçons n'est pas de l'amour ni de la compréhension. Couper les seins sains des filles n'est pas de la compassion. Dire la vérité, avec amour, c'est prendre soin pour de vrai. Un homme est un homme et une femme est une femme; ils ne sont pas interchangeables. C'est une vérité objective. Accepter ou non cette vérité est une autre question; pervertir la vérité ou la nier revient à recourir au subjectivisme et au relativisme.

En conclusion, je recommande vivement de se familiariser avec le sujet de la dictature du relativisme,[10] tel qu'expliqué par Joseph Cardinal Ratzinger, mieux connu sous le nom du pape Benoît XVI,

---

[9] https://www.britannica.com/topic/Pascals-wager
[10] https://www.ncregister.com/blog/benedict-vs-the-dictatorship-of-relativism

afin d'acquérir une meilleure compréhension du sujet du relativisme. Espérons que, grâce à la raison et à la vérité, et en réfléchissant sérieusement à ce qu'il avait à dire sur la subjectivité et la relativité, les lecteurs pourront mieux comprendre les manipulations utilisées dans la société pour faire accepter aux gens ce qui est, en réalité, inacceptable.

Chapitre 7

Sur la science

« Les cieux proclament la gloire de Dieu, et le firmament annonce l'œuvre de ses mains. » Psaume 19:1

« Quand je regarde tes cieux, l'œuvre de tes doigts, la lune et les étoiles que tu as mises en place, qu'est-ce que l'homme pour que tu te souviennes de lui, et le fils de l'homme pour que tu prennes soin de lui ? » Psaume 8: 3-4

Le christianisme est une religion fondée sur la foi et la raison. Dieu a donné à ses créatures le libre arbitre et le don de la raison. Grâce à cette capacité de raisonnement, l'humanité observe tout ce que la nature a à nous offrir. La science est définie comme « *l'étude minutieuse de la structure et du comportement du monde physique, notamment par l'observation, la mesure et la réalisation d'expériences, ainsi que l'élaboration de théories pour décrire les résultats de ces expériences* ».[1] Comme les chrétiens croient que Dieu a créé le monde et tout ce qu'il contient, ils n'ont rien à craindre de l'étude de ce monde physique et, par conséquent, rien à craindre de la science. Grâce à leur intelligence et à leur raison, les scientifiques étudient ce qui, en fin de compte, a été créé par Dieu. Bon nombre des découvertes scientifiques réalisées jusqu'à présent, telles que les vaccins et

---

[1] https://dictionary.cambridge.org/dictionary/english/science

la génétique, entre autres, sont le fruit des contributions des catholiques. Ayant moi-même obtenu un diplôme en sciences biologiques, je comprends parfaitement la fascination que suscite le désir de comprendre autant que possible les rouages de la nature. Cela dit, s'il est tout à fait acceptable de comprendre la nature grâce à la science, il n'est pas acceptable de se prendre pour Dieu et de redéfinir la nature. C'est là qu'il est important de combiner la raison et la foi, et de ne pas se fier uniquement à la raison. La dimension de la foi permet une utilisation judicieuse et éthique de la raison. Bon nombre des scientifiques et mathématiciens les plus connus, passés et présents, sont des chrétiens ou bien des athées qui sont venus à la foi grâce à la science. Leurs travaux et leurs découvertes ont été dûment pris en compte par l'Église, qui ne craint pas leurs contributions à l'étude de la nature de Dieu.

Depuis longtemps, la société accuse l'Église d'être anti-science, rétrograde, archaïque, etc... Rien n'est plus éloigné de la vérité. L'Église catholique a reconnu à plusieurs reprises qu'elle n'avait rien à craindre de la science. À titre d'exemple, elle a présenté ses excuses pour le traitement injuste infligé au mathématicien et astronome italien du XVIIe siècle, Galilée, bien que plusieurs siècles après les faits, démontrant ainsi sa capacité à reconnaître ses torts et à faire amende honorable. Je ne m'étendrai pas sur les raisons qui ont poussé l'Église, au XVIIe siècle, à vouloir réduire ce scientifique au silence. Ce que je peux dire, c'est que Galilée avait compris qu'il n'y avait rien à craindre de l'étude de la création: « *Les lois de la nature sont écrites par la main de Dieu dans le langage des mathématiques.* »[2] Galilée

---

[2] https://scriptures.blog/bible-verses-about-science/

n'était qu'un parmi une myriade de physiciens et de mathématiciens croyants qui ont apporté leur génie au monde. Leur exemple brillant de combinaison de la foi et de la raison est tout simplement une merveille à contempler.

Avant de me plonger dans une liste de scientifiques chrétiens de renommée mondiale et de leurs réalisations, j'aimerais partager avec mes lecteurs ce que le pape précédent avait à dire sur la relation entre la foi et la science. Le pape François a rencontré des scientifiques à plusieurs reprises depuis son accession au pontificat en 2013. De temps à autre, des scientifiques du monde entier se réunissent au Vatican pour des rencontres spéciales. En 2016, le physicien Stephen Hawking, entre autres, a participé à l'une de ces réunions pour discuter du changement climatique. En juin 2024, des cosmologistes, des physiciens théoriciens et des scientifiques se sont réunis lors de la deuxième conférence de la Vatican Specula pour discuter des « trous noirs, des ondes gravitationnelles et des singularités de l'espace-temps ».[3] La conférence elle-même était dédiée à George Lemaître, prêtre catholique belge, physicien et cosmologiste, à qui l'on attribue la théorie du Big Bang de 1931 et dont la valeur scientifique est reconnue par l'Union astronomique internationale. Le pape François a ouvert la séance en rendant hommage à Mgr Lemaître : « *... un prêtre et un scientifique exemplaire* » dont « *le parcours humain et spirituel représente un modèle de vie dont nous pouvons tous tirer des enseignements* », car il avait compris que « *la science et la foi suivent deux voies différentes et parallèles, entre lesquelles il n'y a pas de*

---

[3] https://www.vaticannews.va/en/pope/news/2024-06/pope-francis-address-scientists-black-holes-specula.html

conflit... Ces voies peuvent s'harmoniser entre elles, car pour un croyant, la science et la foi ont la même matrice dans la Vérité absolue de Dieu ».[4] Un bel hommage, en effet, qui souligne le fait que la foi et la science suivent des chemins « parallèles » et ne sont donc pas en conflit l'une avec l'autre.

Le pape François n'est pas le premier pontife à encourager la recherche scientifique. Selon la page historique du site web de l'Observatoire du Vatican: « *De par ses racines historiques et ses traditions, l'Observatoire du Vatican est l'un des plus anciens instituts astronomiques au monde.* »[5] En 1582, le pape Grégoire XIII avait nommé un comité chargé d'étudier les données scientifiques. Depuis lors, les papes se sont toujours intéressés à la recherche astronomique et l'ont soutenue.[6] La papauté a fondé trois observatoires aux XVIIIe et XIXe siècles, ce qui lui a permis d'être la première à classer les étoiles en fonction de leur spectre.[7] La lumière émane des étoiles et peut être « *séparée en ses composants chromatiques pour former un spectre. Le spectre révèle des détails sur la luminosité des différentes couleurs de la lumière stellaire qui ne sont pas visibles à l'œil nu. Les détecteurs du télescope peuvent mesurer la luminosité précise de chaque longueur d'onde.* »[8] Compte tenu de cette riche tradition de recherche scientifique en astronomie au Vatican, et avec le soutien de l'Église,

---

[4] Ibid.
[5] https://www.vaticanobservatory.va/en/history
[6] Ibid.
[7] Ibid.
[8] https://webbtelescope.org/contents/media/images/01F8GF7Z3Q28EJBC051YNTMJ2X#

le pape Léon XIII a, en 1891, « *officiellement refondé la Specola Vaticana (Observatoire du Vatican) et l'a installée sur une colline derrière le dôme de la basilique Saint-Pierre* ».[9] Le pape Léon XIII voulait montrer au monde que la foi et la science n'étaient pas en conflit l'une avec l'autre.[10] C'est le pape Pie XI qui a fourni un nouvel emplacement à l'observatoire et, finalement, deux nouveaux télescopes ont été ajoutés, ainsi qu'un laboratoire et divers programmes, afin d'élargir la recherche menée en astronomie.[11] Des images datant de 1969, lorsque le pape Paul VI a visité l'Observatoire du Vatican pour observer l'alunissage, peuvent être visionnées aujourd'hui sur YouTube.[12] Le directeur actuel de l'Observatoire du Vatican est le frère jésuite américain Guy Consolmagno, nommé à ce poste en 2015 par le pape François.[13]

Au XXIe siècle, la tradition selon laquelle les successeurs de Saint Pierre s'intéressent à la recherche astronomique et la soutiennent se poursuit. En juin 2018, lors d'une allocution prononcée devant les participants à un cours d'été à l'Observatoire du Vatican, le pape François avait abordé la question de la foi et de la science : « *Tout comme nous ne devons jamais penser que nous savons tout, nous ne devons jamais craindre d'essayer d'en apprendre davantage... C'est à travers nous, les êtres humains, que cet univers peut, pour ainsi dire,*

---

[9] https://www.vaticanobservatory.va/en/history
[10] https://www.youtube.com/watch?v=OM5tLK4elRI
[11] https://www.vaticanobservatory.va/en/history
[12] https://www.youtube.com/watch?v=OM5tLK4elRI
[13] https://www.americamagazine.org/issue/pope-names-us-jesuit-planetary-scientist-head-vatican-observatory

prendre conscience de lui-même et de son Créateur... »[14] Le pape avait poursuivi en disant que « *poussés par la raison, la curiosité et le plaisir des choses, les scientifiques peuvent découvrir dans leur amour pour l'univers un « avant-goût » de l'amour que Dieu le Créateur porte à sa création.* »[15] Robert Barron, évêque auxiliaire de Los Angeles, fait écho au pape François sur ce sujet. Dans une vidéo annonçant le lancement de son nouveau site web, reasonfaithscience.com[16], il affirme qu'il n'y a pas de contradiction entre la religion et la science.[17] Et aujourd'hui, notre Saint-Père actuel, le pape Léon XIV, perpétue la tradition d'encouragement des efforts scientifiques et de la recherche. Le 21 juillet 2025, en commémoration de l'anniversaire de la mission habitée Apollo 11 qui a atterri sur la Lune en 1969, le Souverain Pontife s'est entretenu avec Buzz Aldrin, le deuxième homme après Neil Armstrong à avoir marché sur la Lune.[18] En plus de cet appel, le pape Léon a visité les télescopes et les instruments des dômes de l'observatoire du Vatican à Castel Gandolfo, sa résidence d'été.[19] Ce ne sont pas là les actions d'une personne qui craint les progrès scientifiques.

---

[14] https://aleteia.org/2018/06/14/love-of-science-can-be-a-foretaste-of-divine-love-says-pope-francis

[15] Ibid.

[16] https://www.reasonfaithscience.com/

[17] https://aleteia.org/2018/07/09/bishop-barron-takes-on-the-myth-that-faith-and-science-are-enemies

[18] https://www.vaticannews.va/en/pope/news/2025-07/apollo-11-anniversary-pope-leo-xiv-speaks-astronaut-buzz-aldrin.html

[19] Ibid.

Chapitre 7 : Sur la science

Les hommes de foi ont longtemps aspiré à la connaissance scientifique. Leurs recherches ont ouvert la voie à des découvertes étonnantes qui ont démontré que la réalité de Dieu et de sa création n'est pas en opposition avec la science. Je vous propose ici quelques exemples brillants de scientifiques catholiques de renommée mondiale qui ont démontré ce concept même de complémentarité entre la foi et la science, afin de mettre fin à la rhétorique selon laquelle les chrétiens seraient opposés à la science ou que tous les scientifiques seraient athées. Bon nombre des tout premiers astronomes et scientifiques étaient en fait des prêtres et des frères religieux. Ils ne craignaient pas de s'éloigner de Dieu, simplement parce qu'ils voulaient comprendre les subtilités du cosmos. Au contraire, leurs recherches les ont rapprochés de Dieu, dans leur émerveillement devant la création divine.

Dès le XIe siècle, les hommes étaient fascinés par le ciel. En 1013, un bébé est né dans la famille noble du comte Wolverad II,[20] dans la région historique de Souabe, au sud-ouest de l'Allemagne. Il s'appelait Herman. Cet enfant souffrait de plusieurs handicaps physiques, dus à une maladie paralysante, d'où ses surnoms « Herman le boiteux » et « Herman le tordu ».[21] D'après les récits et les connaissances médicales actuelles, des tentatives de diagnostic moderne ont été faites; il est fort probable qu'il souffrait d'une fente palatine, d'une

---

[20] https://mathshistory.st-andrews.ac.uk/Biographies/Hermann_of_Reichenau/

[21] https://salesianity.blogspot.com/2014/09/saint-of-day-blessed-hermann-of.html

paralysie cérébrale et d'un spina bifida, et/ou d'une SLA (sclérose latérale amyotrophique) ou d'une amyotrophie spinale. Comme le voulait la coutume à l'époque, le plus jeune fils d'une famille noble fut confié au monastère pour y être élevé et éduqué par les moines. C'est ainsi qu'à l'âge de sept ans, Herman fut confié au monastère bénédictin de Reichenau. Cette solution convenait à tout le monde. Non seulement Herman apprit à lire et à écrire, mais il s'avéra être un véritable génie. Ce qu'il ne pouvait accomplir avec son corps, il le réalisait avec son esprit. Il maîtrisait parfaitement le grec, l'arabe et le latin. Ce monastère était un centre de copie de manuscrits; Herman traduisait des documents importants. Les mathématiques et l'astronomie étaient ses points forts. De nombreux ouvrages déjà disponibles dans ces domaines n'étaient écrits qu'en arabe. Herman les traduisit, les rendant ainsi accessibles aux Européens. Outre ses compétences en traduction, il introduisit différents types d'instruments astronomiques, tels qu'un cadran solaire portable et un astrolabe, un instrument permettant de calculer la hauteur du soleil, ainsi que des cartes stellaires.[22] Une autre contribution importante fut, entre autres, ses calculs du diamètre de la Terre. Il est devenu moine en 1043 et a été béatifié par l'Église catholique en 1863. Il est connu, à ce jour, sous le nom de Bienheureux Herman de Reichenau. Sa vie témoigne du fait que les moines de Reichenau et l'Église catholique n'étaient pas en conflit avec la science; ils étaient en pleine harmonie avec Dieu et Sa création, contribuant aux découvertes d'Herman pour le monde depuis le XIe siècle.

---

[22] https://salesianity.blogspot.com/2014/09/saint-of-day-blessed-hermann-of.html

Un scientifique illustre plus récent fut Francesco Faà di Bruno, professeur de mathématiques et conférencier à l'université de Turin, en Italie, au XIXe siècle. Cet homme avait étudié avec Le Verrier, qui contribua à la découverte de la planète Neptune,[23] et avait obtenu le titre de docteur en sciences des universités de Paris et de Turin. Il a inventé divers équipements scientifiques, publié une quarantaine d'articles sur les mathématiques et les sciences, ainsi qu'une formule mathématique utilisée aujourd'hui et connue sous le nom de « formule de Faà di Bruno ».[24] L'harmonie entre la foi et la science dans la vie de cet homme est démontrée par le fait qu'il était également prêtre. Il a été béatifié en 1988 par le pape Jean-Paul II. Un autre exemple concret de la compatibilité entre la foi et la science.

Une autre personnalité dont tout le monde a entendu parler est Louis Pasteur, un laïc, biologiste et fervent catholique. Cet homme a donné au monde le procédé consistant à chauffer les liquides pour tuer les bactéries qui y sont latentes; ce procédé est devenu connu sous le nom de pasteurisation.[25] Pasteur a également mis au point des vaccins contre la rage[26] et l'anthrax, jetant ainsi les bases de la

---

[23] https://aleteia.org/2018/04/19/these-saints-were-influential-astronomers-who-wed-science-and-faith-together
[24] https://www.newadvent.org/cathen/05740a.htm
[25] https://aleteia.org/2017/11/10/louis-pasteur-father-of-microbiology-and-a-Catholic
[26] https://www.pasteur.fr/en/institut-pasteur/history/troisieme-epoque-1877-1887

science de l'immunologie.[27] Outre son dévouement à la science, Pasteur était un croyant et un catholique. Sa vie et ses écrits témoignent de sa foi. Par exemple, dans une lettre écrite à sa sœur, il disait : « *Si par hasard tu vacilles en chemin, une main sera là pour te soutenir. Si cela venait à manquer, Dieu, qui seul te retirerait cette main, accomplirait l'œuvre.* » [28]À l'âge de soixante-dix ans, « *Pasteur parlait de la fin de son voyage et de la façon dont elle lui était apparue* « *dans une foi absolue en Dieu et en l'éternité* » *et avec la conviction que le bien qui nous est donné dans ce monde se poursuivra dans l'au-delà* ».[29] Ces mots sont ceux d'un croyant, qui n'avait aucun conflit entre sa foi et sa raison, coexistant en parfaite harmonie, pour le bien de l'humanité.

D'autres grands esprits scientifiques sont les hommes qui ont fondamentalement inventé la génétique et la géologie scientifiques : Gregor Mendel, moine catholique, et Nicolas Sténon, prêtre catholique. Ces hommes ont combiné leur foi et leur raison dans une quête pour comprendre la création de Dieu. Il n'y avait aucun conflit pour eux. Il en va de même pour Saint Albert le Grand, prêtre et évêque. Ce professeur, prédicateur et leader dominicain du XIIIe siècle est considéré comme le plus grand scientifique de l'époque médiévale : « *Il avait une connaissance quasi encyclopédique d'un large éventail de sciences physiques, de la physique à la biologie en passant par l'astronomie, et ses propres recherches ont démontré une*

---

[27] https://aleteia.org/2017/11/10/louis-pasteur-father-of-microbiology-and-a-Catholic

[28] https://www.pasteurbrewing.com/louis-pasteur-a-religious-man/

[29] Ibid.

utilisation précoce d'une forme de méthode scientifique qui allait se formaliser quelques centaines d'années plus tard. Il a rédigé des traités sur des sujets généraux tels que les minéraux, les plantes et les animaux, ainsi que des études détaillées sur les corps célestes et les premières formes de chimie... Il a contribué à la fondation de la plus ancienne université d'Allemagne, l'université de Cologne... Saint Albert est mort en 1280... Il a été canonisé et nommé docteur de l'Église en 1931. Il a été nommé saint patron des scientifiques en 1941. »[30]

Ces scientifiques exceptionnels font partie des nombreux noms célèbres dans les domaines des sciences et des mathématiques. Que dire de René Descartes, *« figure centrale de la révolution scientifique, ainsi que de l'histoire des mathématiques et de la philosophie... (dont) la plus grande contribution fut la fondation de la géométrie analytique, (et) qui a toujours insisté sur le fait qu'il était un catholique fervent et orthodoxe ».*[31] Que dire de Copernic, l'astronome polonais *« dont la théorie héliocentrique a contribué à déclencher la révolution scientifique qui a donné naissance à la science moderne »*[32] ? Craignant le ridicule et l'opposition de la communauté scientifique, Copernic ne voulait pas publier ses découvertes sur la théorie héliocentrique de l'astronomie. C'est à la demande de Nikolaus von Schönberg, un cardinal de l'Église catholique qui avait assisté aux conférences de Copernic, en compagnie du pape Clément VII et d'autres

---

[30] https://aleteia.org/2018/11/15/perhaps-no-one-shows-better-the-faith-science-alliance-than-this-saint

[31] https://Catholicscientists.org/scientists-of-the-past/rene-descartes/

[32] https://Catholicscientists.org/scientists-of-the-past/nicolaus-copernicus/

cardinaux, que Copernic fut encouragé à publier sa théorie : « *En 1536, le cardinal Nikolaus von Schönberg exhorta Copernic à « communiquer sa découverte aux érudits ».* [33]

Continuons à rendre hommage aux grands scientifiques et mathématiciens catholiques. André-Marie Ampère est le brillant chercheur français qui a découvert, en 1823, ce que l'on appelle la « loi d'Ampère », qui est essentiellement le fondement de la science de l'électrodynamique, après avoir approfondi la découverte fortuite d'Oersted selon laquelle « *un courant électrique dans un fil peut faire bouger l'aiguille d'une boussole située à proximité* ».[34] Sa loi mathématique décrit la force réelle du magnétisme entre deux morceaux de fil conducteur de courant électrique.[35] Ce qui est communément appelé « amp » aujourd'hui est en fait l'« ampère », l'unité de courant électrique, qui a été ainsi nommée en l'honneur de ce grand scientifique. Il s'avère que Ampère était un chrétien croyant, bien que plein de doutes, qui a finalement réconcilié sa foi et son amour de la science. Selon *The Catholic Encyclopedia* : « *Le jour du décès de sa femme, il écrivit deux versets des Psaumes et la prière « Seigneur, Dieu de miséricorde, réunis-moi au ciel avec ceux que tu m'as permis d'aimer sur terre ». De sérieux doutes le tourmentaient parfois et le rendaient très malheureux. Il se réfugiait alors dans la lecture de la Bible et des Pères de l'Église. « Le doute, dit-il dans une lettre à un ami, est*

---

[33] Ibid.

[34] https://Catholicscientists.org/scientists-of-the-past/andre-marie-ampere/

[35] Ibid.

*le plus grand tourment qu'un homme puisse souffrir sur terre. »*³⁶ Concernant ses doutes, l'un de ses contemporains, l'écrivain et historien français Charles Augustin Sainte-Beuve, a déclaré ce qui suit : « *Les doutes d'Ampère s'estompèrent avec le temps et il parvint dans son esprit à « une alliance entre la foi et la science, entre la croyance et l'espoir dans la pensée humaine et l'adoration devant la Parole révélée ».*³⁷ De plus, Ampère écrivit ce qui suit dans son Essai sur la philosophie des sciences : « *Nous ne pouvons voir que les œuvres du Créateur, mais à travers elles, nous accédons à la connaissance du Créateur lui-même* ».³⁸

Leslie Pearce Williams, historien du XXe siècle et professeur titulaire au département d'histoire de l'université Cornell, relate ce qui suit dans le Dictionnaire des biographies scientifiques³⁹ : « *La philosophie d'Ampère lui permettait de conserver à la fois sa croyance en Dieu et sa croyance en l'existence réelle d'une nature objective.* »⁴⁰ Williams détaille l'argument⁴¹ utilisé par Ampère pour prouver que l'âme et Dieu devaient exister, en se basant sur son interprétation philosophique de Kant; un concept simple et compréhensible con-

---

[36] https://www.newadvent.org/cathen/01437c.htm
[37] https://Catholicscientists.org/scientists-of-the-past/andre-marie-ampere/
[38] Ibid.
[39] WILLIAMS, L. Pearce. « Ampère », dans Dictionary of Scientific Biography, Charles C. Gillispie (éd.), vol. 1, New York : Scribner, 1970, p. 139-147. *
[40] http://www.ampere.cnrs.fr/ice/ice_page_detail.php
[41] Ibid.

sistant à bouger son bras pour illustrer la réalité objective et la subjectivité de sa sensation personnelle, ou de son sentiment, à propos d'un sujet : « *Le fait de bouger son bras fournissait une preuve solide qu'une cause expliquait un acte et n'était pas simplement une description d'une succession. On veut que le bras bouge et on est conscient de l'acte de vouloir; le bras bouge alors. Par conséquent, le bras bouge parce qu'on le veut. Ampère a utilisé cet argument pour prouver l'existence d'un monde extérieur. Si le bras ne peut pas bouger parce qu'il est, par exemple, sous une table lourde, alors on prend conscience des causes extérieures à soi-même. Le bras ne bouge pas parce que la table l'en empêche. Ampère a ainsi transposé la causalité du monde psychologique au monde physique. De plus, la résistance de la table prouvait, à la satisfaction d'Ampère, que la matière existe bel et bien, car cette cause externe doit être indépendante de notre sensation de celle-ci. À l'aide d'arguments similaires, Ampère a pu prouver que l'âme et Dieu doivent également exister.* »[42] Le raisonnement scientifique et mathématique d'Ampère lui rendait impossible de croire en la subjectivité. La vérité objective l'emporte toujours sur la subjectivité. Une fois de plus, l'harmonie entre la foi et la science est amplement démontrée dans la vie de ce génie scientifique et mathématique. Il vaut la peine de se renseigner sur cet homme, sur toutes les contributions qu'il a apportées au domaine de la science et sur le rôle majeur que sa foi a joué dans sa vie.

Cassini est un autre grand esprit scientifique qui a contribué à la science. Giovanni Domenico Cassini est né en 1625 et mort en 1712

---

[42] Ibid.

à l'âge de 87 ans. Il est considéré comme le plus grand astronome du XVIIe siècle, après Kepler et Galilée.[43] Il a été éduqué par les jésuites, une congrégation catholique de prêtres fondée par Saint Ignace de Loyola, soldat, prêtre et théologien du XVIe siècle. Cassini est titulaire de la chaire d'astronomie à l'université de Bologne à l'âge de 25 ans. À 44 ans, Paris l'a invité à créer l'Observatoire de Paris, où il a passé le reste de sa vie. On attribue à Cassini la découverte de quatre lunes de Saturne et de la division dans les anneaux de Saturne, aujourd'hui connue sous le nom de division de Cassini. Cassini est celui qui a accompli l'exploit remarquable de mesurer la taille du système solaire et de déterminer la vitesse de rotation de Mars et de Jupiter.[44] En d'autres termes, cet homme a apporté une quantité incroyable de données scientifiques, dès le XVIIe siècle. Il n'est donc pas étonnant que l'astronomie moderne ait donné à la sonde robotique envoyée pour étudier la planète Saturne le nom de ce géant de la science. La sonde Cassini étudie « *Saturne et son système complexe d'anneaux et de lunes avec un niveau de détail sans précédent. Il s'agit de l'une des entreprises les plus ambitieuses jamais menées dans le domaine de l'exploration planétaire* ».[45] Cela dit, on sait que Cassini était un catholique pratiquant, comme en témoignent ses écrits à Riccioli,[46] prêtre jésuite et astronome. Dans son manuscrit,[47] Cassini

---

[43] https://Catholicscientists.org/scientists-of-the-past/giovanni-domenico-cassini/

[44] Ibid.

[45] https://science.nasa.gov/mission/cassini/

[46] https://www.oxfordreference.com/display/10.1093/oi/authority.20110803100419604#

[47] https://Catholicscientists.org/scientists-of-the-past/giovanni-domenico-cassini/

ne se contente pas de réfléchir sur le sujet de la Sainte Vierge Marie, mais préconise également la célébration d'une fête spéciale en son honneur, l'Immaculée Conception, une doctrine et une croyance typiquement catholiques. Une fois de plus, il est évident que la foi et la science ne s'excluent pas mutuellement.

Cela nous amène à poursuivre notre discussion sur les contributions des scientifiques catholiques. Luigi Galvani, pionnier italien de la bioélectricité au XVIIIe siècle, était diplômé en médecine et en philosophie et a été nommé professeur titulaire d'anatomie à l'université de Bologne. Son traité « *Sur le pouvoir de l'électricité dans le mouvement musculaire* » a jeté les bases des domaines de la bioélectricité et de l'électrophysiologie.[48] Cet homme, comme d'autres scientifiques avant et après lui, était un catholique pratiquant. Adolescent, il était très pieux et souhaitait entrer dans les ordres. Ses parents s'y opposaient fermement. Il finit par se marier et mena des travaux de recherche avec sa femme Lucia. Il ne perdit jamais sa foi et sa piété. Plus tard dans sa vie, il devint membre du Tiers-Ordre de Saint François.[49] Cela démontre que les laïcs qui sont des chrétiens fervents peuvent concilier leur foi et leur raison dans leur quête de connaissances scientifiques. Leur foi n'entrave en rien leur curiosité intellectuelle et ne diminue en rien leurs capacités intellectuelles.

Notre petit aperçu historique des grands scientifiques et mathématiciens catholiques nous amène à celui qui est peut-être le plus brillant des esprits mathématiques et philosophiques de tous les

---

[48] https://Catholicscientists.org/scientists-of-the-past/luigi-galvani/
[49] Ibid.

temps: Blaise Pascal. Né en 1623 à Clermont-Ferrand, en France, Pascal n'a vécu que trente-neuf ans, mais il a réussi à apporter une contribution considérable aux mathématiques et à la philosophie. Ses prouesses intellectuelles étaient déjà universellement reconnues alors qu'il n'avait que seize ans. C'est à cette époque qu'il affina ses recherches sur la géométrie projective et élabora son théorème, connu sous le nom de « théorème de Pascal ».[50] À l'âge de dix-neuf ans, il a conçu et construit la première machine à calculer, qui a ouvert la voie aux calculatrices sophistiquées utilisées aujourd'hui. C'est lui qui a formulé le principe hydrostatique de Pascal, ce qui l'a rendu célèbre en physique pour ses travaux sur la pression des fluides. [51]

C'est à l'âge de trente et un ans que Pascal a connu une conversion, pour ainsi dire, qui l'a profondément marqué sur le plan spirituel. Le soir du 23 novembre 1654, il a vécu une expérience mystique qui l'a conduit à consacrer davantage de temps aux sujets religieux. Ce soir-là, Pascal fut victime d'un accident de calèche, au cours duquel les chevaux plongèrent dans le vide et trouvèrent la mort, en bas du pont de la Seine. Pascal et les autres occupants eurent la vie sauve. À partir de ce moment, il écrivit abondamment sur des sujets religieux, d'abord dans les « Lettres provinciales », puis dans un traité sur la défense de la religion chrétienne, qu'il ne put terminer avant sa mort. Il restait suffisamment de fragments de ce texte pour qu'il soit publié à titre posthume sous l'appellation « Pensées »[52].

---

[50] https://www.britannica.com/science/Pascals-theorem
[51] https://Catholicscientists.org/scientists-of-the-past/blaise-pascal/
[52] https://www.penseesdepascal.fr/

Bien que inachevées, les Pensées de Pascal sont considérées comme « un *chef-d'œuvre philosophique et spirituel, ainsi qu'un chef-d'œuvre du style littéraire français* ».[53] C'est dans ces *Pensées* que l'on trouve le passage le plus célèbre de Pascal, son « pari » : « *Pascal soutient, sur la base de la logique des probabilités, qu'il est plus avantageux de croire en Dieu que de ne pas y croire, car les gains de la croyance, s'il existe, sont bien plus importants que les pertes que nous subirions en croyant s'il n'existe pas. À la lumière de cela, il soutient que toute personne qui ne peut croire devrait s'y conditionner par la discipline physique de la pratique des rituels chrétiens.* »[54] Pascal a, en fait, mis son propre pari à l'épreuve. Il en est finalement venu à croire sincèrement en Dieu. À sa mort, un manuscrit, écrit de sa propre main, cousu à l'intérieur de son pourpoint, a été retrouvé, avec les mots suivants inscrits : « *Feu. Le Dieu d'Abraham, le Dieu d'Isaac, le Dieu de Jacob. Pas celui des philosophes et des intellectuels. Certitude, certitude, sentiment, joie, paix. Oh, juste Père, le monde ne t'a pas connu, mais moi je t'ai connu. Joie, joie, joie des larmes.* »[55] En 2024, le pape François avait envisagé la possibilité de béatifier[56] Pascal, un génie des mathématiques, ce qui démontre une fois de plus l'harmonie absolue entre la science et la foi.

---

[53] https://Catholicscientists.org/scientists-of-the-past/blaise-pascal/
[54] https://academic.oup.com/book/36863/chapter-abstract/322075979
[55] https://pillars.taylor.edu/cgi/viewcontent.cgi?article=1012&context=acms-2005#:~:text=Pascal
[56] https://www.britannica.com/topic/beatification

Mon dernier exemple d'un grand esprit scientifique à l'œuvre est celui de Francis Collins, qui se déclarait athée dans sa jeunesse,[57] et qui est finalement devenu un chrétien évangélique convaincu. Collins est le médecin qui a dirigé le projet Génome humain au tournant du XXIe siècle. Dans son livre à succès publié en 2006, *The Language of God: A Scientist Presents Evidence for Belief* (*Le langage de Dieu : un scientifique présente des preuves de la foi*), le Dr Collins expose ses arguments selon lesquels « *les progrès de la science constituent une occasion d'adorer Dieu plutôt qu'un catalyseur de doutes* ».[58] Dans ce livre, il présente également des arguments selon lesquels : « *... à son avis, justifie la foi... Collins soutient que la foi est rationnelle, qu'elle peut aider à répondre aux questions les plus profondes de la vie et que les défis du XXIe siècle exigent une harmonie entre la science et la religion, et pas seulement un cessez-le-feu* ».[59] De plus, selon *The New Yorker*: « *Collins, un chrétien évangélique, décrira plus tard le séquençage du génome humain comme « à la fois une réalisation scientifique stupéfiante et une occasion d'adoration* ».[60] Collins a ensuite fondé BioLogos : « *une organisation qui soutient l'idée que Dieu a créé toutes choses par le biais de l'évolution.* »[61] Concernant la mentalité dominante dans la société à propos du soi-disant conflit entre la science et la religion, le Dr Collins a accordé une interview au Pew Research Centre, dans laquelle il a déclaré : « *Je ne crois pas qu'il y*

---

[57] https://biologos.org/resources/francis-collins-a-testimony
[58] https://www.pewresearch.org/science/2008/04/17/the-evidence-for-belief-an-interview-with-francis-collins/
[59] https://www.newyorker.com/news/persons-of-interest/faith-science-and-francis-collins
[60] Ibid.
[61] Ibid.

ait un conflit inhérent, mais je crois que les humains, dans leur nature imparfaite, imaginent parfois des conflits là où il n'y en a pas. Nous voyons quelque chose qui menace notre vision personnelle et nous pensons qu'il doit y avoir une raison pour laquelle cette vision alternative est fausse, voire mauvaise. »[62] Voici donc un autre bel exemple de coexistence sans conflit entre la foi et la science.

Tous ces exemples de scientifiques et de mathématiciens exceptionnellement doués renforcent la réalité d'une bonne collaboration entre la foi et la science. Il n'y a pas de dichotomie entre la religion et la raison. Personnellement, je réfute les affirmations selon lesquelles les personnes qui croient en Dieu sont incapables de se fier aux faits scientifiques. Il est tout simplement faux de faire une telle affirmation. De plus, je trouve assez ironique que les personnes qui tiennent ce discours soient celles-là mêmes qui nient la réalité scientifique, génétique, médicale et anatomique d'une chose aussi fondamentale que la différence entre les hommes et les femmes. Ils rejettent la réalité objective et scientifique et croient, ou feignent de croire, en leurs propres désirs subjectifs, qui n'ont aucun fondement scientifique et qui les conduisent, par exemple, sur la voie erronée de l'idéologie transgenre actuelle, qui imprègne la société à tous les niveaux. Je recommande vivement une bonne dose de réalité scientifique à tous ceux qui nient la science fondamentale et qui ridiculisent les croyants en Dieu en les traitant d'ignorants et d'imbéciles. Je préfère de loin faire le pari de Pascal plutôt que de patauger dans le

---

[62] https://www.pewresearch.org/science/2008/04/17/the-evidence-for-belief-an-interview-with-francis-collins/

marasme actuel du subjectivisme et du relativisme. Je remercie personnellement Dieu chaque jour de m'avoir créé et de m'avoir fait enfant de son Église. Je préfère suivre Dieu, et je m'appuie sur la nature qu'Il a créée et qui est scientifiquement observable. J'espère qu'un jour, les personnes qui s'opposent à Dieu et à sa science finiront par réaliser la beauté et le caractère raisonnable de Sa vérité.

Chapitre 8

Sur le féminisme, l'éducation, le mariage et la famille

C'est pourquoi l'homme quittera son père et sa mère, s'attachera à sa femme, et ils deviendront une seule chair. Genèse 2:24

Le déclin progressif des valeurs morales et la perte de la dévotion religieuse ont poussé la société, comme jamais auparavant, à adopter les idéologies culturelles actuelles concernant tout ce qui touche à la sexualité, en allant des droits des LGBTQ2S+ aux droits à l'avortement et à ceux des transgenres, et en passant par le féminisme radical, les taux de divorce élevés et l'éclatement des familles. La société a remplacé Dieu par des concepts idéologiques. Tout cela conduit inévitablement à des actions telles que le refus des femmes de procréer par le biais de la contraception et de l'avortement, le manque d'implication des parents dans la vie de leurs enfants, la prise en charge de l'éducation des enfants par les réseaux sociaux, les adolescents aux prises avec l'anxiété et la dépression, et les hommes pris au milieu de tout ce marasme.

En ce qui concerne le mariage et les enfants, si certaines personnes se marient encore aujourd'hui, elles le font dans l'optique de ne pas avoir d'enfants, préférant rester sans progéniture, pour diverses raisons. Étant donné que l'instinct maternel et nourricier est généralement présent chez les femmes, celles-ci compensent très souvent leur absence d'enfants par une grande affection pour les animaux domestiques tels que les chats et les chiens. J'aime bien les animaux, mais quand on y réfléchit, élever des chats et des chiens ne contribue en rien à la perpétuation de l'espèce humaine. Stephen White, directeur exécutif du Catholic Project à l'Université catholique d'Amérique et chercheur en études catholiques au Centre d'Éthique et de Politique Publique (Ethics and Public Policy Centre - EPPC), aborde la question de la baisse du taux de natalité dans son essai *Someone to dance with (Quelqu'un avec qui danser)*,[1] dans lequel il déclare ce qui suit : « *Les taux de natalité sont en baisse, non seulement en raison des pressions économiques liées aux décisions politiques, mais aussi parce que les futurs parents ne sont plus convaincus que l'éducation des enfants soit une entreprise valable. D'un point de vue matérialiste, ils décident simplement que les enfants ne valent pas la peine et ne justifient pas les dépenses. Dans une perspective plus large, une perspective transcendante et religieuse, tout cela change... En perdant le sens de la transcendance, l'homme a également perdu la capacité d'apprécier à leur juste valeur les biens naturels. Il s'avère que lorsque nous, êtres humains, tournons le dos à Dieu, toute la création, y compris la partie que nous appelons « humaine », commence à perdre tout son sens.* »[2] Étant donné que Dieu a dit à l'humanité d'être féconde (Genèse 1:28), l'humanité était censée se reproduire afin d'assurer la survie de notre espèce. La pénurie actuelle de naissances

---

[1] https://www.theCatholicthing.org/2024/08/08/someone-to-dance-with/

[2] Ibid.

vivantes nous conduit lentement, mais sûrement, vers l'extinction, si la tendance n'est pas enrayée et inversée dès que possible.

Pour commencer, la mort peut survenir de différentes manières: vieillesse, maladie, guerre, famine, accident, meurtre, avortement, catastrophe naturelle, peine capitale, euthanasie et suicide. Nous devons donc se reproduire à un niveau suffisamment élevé pour compenser ces pertes humaines. Selon *Our World in Data*,[3] les statistiques mondiales sur les décès pour 2023 sont de 61 millions de personnes,[4] tandis que les statistiques sur les naissances mondiales pour 2023 sont de 134 millions de bébés.[5] En faisant un simple calcul, la population mondiale a augmenté de 73 millions de personnes, ce qui représente une augmentation nette de 0,91 %.[6] Sur la base des statistiques annuelles de natalité/mortalité et des projections démographiques, le consensus est le suivant : « *Étant donné que le nombre de naissances devrait diminuer lentement et que le nombre de décès devrait augmenter, le taux de croissance démographique mondial continuera de baisser. C'est à ce moment-là que la population mondiale cessera d'augmenter à l'avenir.* »[7] Étant donné que la population actuelle vieillit et que de plus en plus de personnes choisissent de ne pas avoir d'enfants, principalement grâce à la contraception, l'avenir

---

[3] https://ourworldindata.org/

[4] Hannah Ritchie et Edouard Mathieu (2023) - « Combien de personnes meurent et combien naissent chaque année ? » OurWorldInData.org. Extrait de : « https://ourworldindata.org/births-and-deaths » [Ressource en ligne]

[5] Ibid.

[6] Ibid.

[7] Ibid.

ne semble pas très prometteur. L'American Psychological Association[8] aborde le sujet des Américains qui souhaitent vivre sans enfants et cite différentes conclusions : « *Selon un sondage réalisé en février par le Pew Research Center, 30 % des 18-34 ans sans enfants ne sont pas sûrs de vouloir des enfants, et 18 % déclarent ne pas en vouloir.*[9] *Cela fait suite à une augmentation entre 2018 et 2021 du pourcentage de personnes sans enfant de moins de 50 ans qui ont déclaré qu'elles n'étaient* « *pas très susceptibles* » *ou* « *pas susceptibles* » *d'avoir des enfants.* »[10] Ce type de mentalité n'est pas surprenant. Quand on pense à toutes les contraceptions et les avortements qui ont lieu, et à la pression pour codifier l'avortement comme un « droit », il est logique que de moins en moins de bébés naissent.

La révolution sexuelle et les programmes pro-féministes qui ont été, et sont toujours, menés et imposés, ont exercé une influence majeure sur le déclin sociétal que l'on observe, en particulier dans l'hémisphère occidental. Le mouvement féministe a vu le jour il y a plusieurs décennies, avec des figures telles que Simone de Beauvoir, Margaret Sanger, Betty Friedan, Gloria Steinem et d'autres, qui ont incité les femmes du monde entier à « se dresser contre le patriarcat » et à « se libérer de leurs oppresseurs ». S'il est vrai que de nombreuses femmes ont souffert aux mains d'hommes violents, elles

---

[8] https://www.apa.org/monitor/2024/07/fewer-children#

[9] https://www.pewresearch.org/short-reads/2024/02/15/among-young-adults-without-children-men-are-more-likely-than-women-to-say-they-want-to-be-parents-someday/

[10] https://www.pewresearch.org/short-reads/2021/11/19/growing-share-of-childless-adults-in-u-s-dont-expect-to-ever-have-children/

Chapitre 8 : Sur le féminisme, l'éducation, le mariage et la famille 139

n'étaient pas obligées pour autant de renoncer à leur féminité, de renier leur maternité et de détruire complètement la cellule familiale traditionnelle. Je ne suis pas féministe et je crois que les hommes sont physiquement plus forts que les femmes et qu'ils sont censés prendre soin des femmes et des enfants et de les protéger. Les hommes qui maltraitent les femmes et les enfants devront ultimement répondre devant Dieu de leur rôle dans le féminisme radical qui se développe depuis le milieu du XXe siècle. Le féminisme radical considère les femmes comme des victimes des hommes. Lorsqu'une personne croit sincèrement qu'elle est une victime, elle doit détruire l'ennemi qui la victimise afin de survivre. Les féministes radicales considèrent donc le statut d'épouse, de mère et de femme au foyer comme une victimisation. Les oppresseurs, qui sont la cause de cette victimisation, sont donc les patriarches époux, pères, membres du clergé et collègues) qui doivent être éradiqués. Cet état d'esprit conduit finalement à la destruction de la vie familiale, principalement par l'abandon de la maternité, puisque les femmes préfèrent choisir « l' épanouissement personnel » plutôt que la procréation. Les femmes parviennent à cette non-maternité par le simple recours à la contraception artificielle et à l'avortement, qualifiés par euphémisme de « soins de santé reproductive » et de « droits reproductifs », termes trompeurs étant donné qu'il n'y a aucun but de reproduction.

Dans sa lettre encyclique *Humanae Vitae,* publiée en 1968,[11] le pape Paul VI a abordé de manière prophétique le danger que les

---

[11] https://www.vatican.va/content/paul-vi/en/encyclicals/documents/hf_p-vi_enc_25071968_humanae-vitae.html

hommes perdent leur respect envers les femmes en raison de la prévalence de la contraception: « *Un autre effet qui donne lieu à l'inquiétude est que l'homme, habitué à l'usage des moyens contraceptifs, risque d'oublier le respect dû à la femme et, sans tenir compte de son équilibre physique et psychique, de la réduire à un simple instrument de satisfaction de ses désirs, sans la considérer plus comme sa compagne qu'il doit entourer de soins et d'affection.* »[12] C'est exactement ce que nous observons dans notre société un demi-siècle plus tard. Les hommes sont devenus insensibles aux émotions des femmes. Ils traitent les femmes comme des objets sexuels. Comment les hommes peuvent-ils respecter des femmes qui renient leur rôle d'épouse et de mère, allant jusqu'à tuer leur propre bébé, dans leur propre ventre ? Même Pete Buttigieg, ancien secrétaire américain aux Transports, avait déclaré verbalement, le 31 juillet 2024, que les hommes ont moins de responsabilités grâce à l'avortement : « *Les hommes sont également plus libres dans un pays où nous avons un président* (l'ancien président des États-Unis, Joe Biden) *qui défend des causes telles que l'accès à l'avortement. Les hommes sont plus libres.* »[13] Dans un article de *Newsweek,* Andrea Truddan, vice-présidente de Heartbeat International, a répondu ainsi au commentaire de M. Buttigieg: « *Les récentes déclarations de Pete Buttigieg selon lesquelles les hommes sont* « *plus libres* » *lorsque les femmes ont accès à l'avortement, sont profondément troublantes. Cette remarque révèle une perspective qui non seulement sape la dignité et la valeur intrinsèque des femmes, mais perpétue également une culture qui permet*

---

[12] Ibid.
[13] https://www.Catholicnewsagency.com/news/258460/abortion-makes-men-more-free-pete-buttigieg-says

aux hommes de se soustraire à leurs responsabilités et de ne pas soutenir les femmes lorsqu'elles en ont besoin. Cette suggestion en passant... implique que la vie et les choix des femmes sont secondaires par rapport à la commodité des hommes... et néglige les effets profonds - tant physiques qu'émotionnels - que l'avortement a sur les femmes. Ce point de vue encourage une culture où les hommes sont absous de leurs responsabilités... »[14] C'est exactement ce que le pape Paul VI avait prévu comme conséquence d'une mentalité contraceptive, qui est le déni fondamental de la procréation.

Le problème vient du fait que les femmes envient les hommes; elles veulent ce que les hommes ont. Elles ne veulent pas être redevables aux hommes, sous quelque forme que ce soit. Au point de ne pas avoir d'enfants, malgré des rapports sexuels réguliers avec des hommes, mariés ou non. Et aujourd'hui, avec la contagion sociale actuelle du transgenre, il ne suffit plus d'imiter les hommes; les femmes veulent réellement devenir des hommes physiquement. Faut-il s'étonner que l'humanité soit sur une pente glissante vers l'auto-extinction?

Les femmes ont le don unique de porter des enfants. La survie de l'humanité dépend du fait que les femmes du monde entier soient mères. Selon statista.com, depuis l'année 2000, il y a toujours eu plus d'hommes (mâles) que de femmes (femelles) sur Terre: « *Au cours des 22 dernières années, il y a toujours eu plus d'hommes que de femmes sur la planète. Sur les 7,95 milliards de personnes vivant sur*

---

[14] https://www.newsweek.com/pete-buttigieg-wrong-about-abortion-freedom-opinion-1933170

Terre en 2022, 4 milliards étaient des hommes et 3,95 milliards étaient des femmes. Un quart de la population mondiale totale en 2022 avait moins de 15 ans. »[15] Imaginez un instant ce qui se passerait si la moitié des femmes sexuellement actives refusaient de procréer, préférant ne pas avoir d'enfants plutôt que d'en élever; il y aurait ultimement un manque d'êtres humains nécessaires pour remplacer les populations en voie de disparition.

Ceci dit, il existe de nombreuses femmes qui souhaitent se marier et avoir des enfants, mais qui ne le font pas en raison de facteurs prépondérants qui rendent cela pratiquement impossible pour elles. Le principal de ces facteurs est l'incapacité à trouver la bonne personne. Les enquêtes sur la baisse du taux de mariage établissent un lien entre le passé et le présent: « *Il y a un peu plus de six mariages pour 1 000 personnes aux États-Unis, contre un record de 16,4 en 1946 après la Seconde Guerre mondiale, selon le Centre national des statistiques sanitaires et des Centres pour le contrôle et la prévention des maladies* ».[16] Il semblerait que la vie était plus simple il y a près d'un siècle. Les gens entretenaient des relations personnelles; ils se parlaient face à face, au lieu d'envoyer des SMS et de défiler sans fin sur leur téléphone, en comptant sur les applications de rencontre pour faire le travail de socialisation à leur place. De nos jours, il est presque miraculeux d'engager une véritable conversation en face à

---

[15] https://www.statista.com/statistics/1328107/global-population-gender/#

[16] https://www.Catholicnewsagency.com/news/258671/Catholic-women-discuss-the-challenges-of-modern-dating-culture

face avec des inconnus. Je me souviens d'une époque où les gens discutaient entre eux dans le bus urbain, sur le chemin du travail; aujourd'hui, chaque passager est dans sa bulle, sur son smartphone, complètement isolé des personnes qui l'entourent. Seul dans la foule, sans aucune interaction humaine. Je constate ce phénomène partout. Même lors de réunions sociales telles que les bals pour les plus de 50 ans, les hommes sont sur leur téléphone au lieu d'inviter une femme à danser. À quoi bon se rendre à un événement social si ce n'est pas pour socialiser? C'est justement le but de ces événements: socialiser! En fait, c'est exactement comme ça que j'ai rencontré mon futur époux, lors d'un bal communautaire. Si moi ou lui avions été en mode « défilement sur téléphone », nous ne serions pas mariés aujourd'hui. Rien ne vaut la bonne vieille socialisation à l'ancienne!

En ce qui concerne les familles, étant donné que la cellule familiale a évolué au fil du temps, les enfants ne bénéficient plus de l'éducation traditionnelle d'autrefois. Les adolescents sont fortement influencés par l'école, leurs pairs et les réseaux sociaux. J'ai personnellement entendu une mère dire à son fils de quatorze ans de prendre en main son propre avenir, car elle était trop occupée à s'occuper de sa propre existence. Son ex-mari, le père du garçon, la regardait, impuissant, tandis qu'elle exposait ses droits à mener sa propre vie et à ne pas avoir à s'occuper des problèmes scolaires de son fils. J'ai été personnellement stupéfaite par son discours. Je me souviens que ma propre mère s'impliquait sans réserve dans tout ce qui concernait ma vie, y compris mon éducation. Il n'y a rien de tel que de savoir au plus profond de soi que ses parents s'engagent à être des parents, en toutes circonstances. Cette abdication du rôle parental a un effet sur l'enfant. Les enfants ont besoin de structure et d'orientation . S'ils ne les obtiennent pas de leurs parents, ils les cherchent inconsciemment ailleurs. Les réseaux sociaux, les courants idéologiques politiques, les écoles et les pairs deviendront inévitablement leurs guides de référence.

De nombreux chercheurs américains ont étudié cette évolution de la société: « *L'Administration des services de santé mentale et de lutte contre la toxicomanie a mené une enquête [...] qui a analysé le nombre de consultations, de traitements médicamenteux ou d'autres formes de thérapie mentale suivis par des mineurs en 2023 [...] 8,3 millions de jeunes âgés de 12 à 17 ans ont reçu des soins de santé mentale...* Les résultats *« correspondaient à la tendance observée depuis 2009, à savoir que* « *le pourcentage d'adolescents recevant un traitement pour des troubles mentaux a augmenté pratiquement chaque année* ».[17]

D'autres rapports établissent un lien entre les enfants sans père et les problèmes de santé mentale et de comportement: « *Dans un rapport comparant des dizaines d'études menées entre 1987 et 2022, l'America First Policy Institute (AFPI) a constaté* « *des corrélations claires entre les enfants élevés dans des foyers sans père et des troubles du développement allant des mauvaises notes, de l'anxiété et du suicide aux comportements violents, à la consommation de drogues et à*

---

[17] https://www.dailysignal.com/2024/08/13/8-3-million-minors-received-mental-care-in-2023-highlighting-a-decaying-culture/ ?

la criminalité ».[18] Outre l'importance d'un environnement familial traditionnel, les effets négatifs des réseaux sociaux ont également été étudiés: « *L'étude de Common Sense Media [...] souligne que « les effets négatifs des réseaux sociaux sur la santé mentale des jeunes sont une préoccupation majeure » [...] De nombreuses études, ainsi que les avertissements du ministre américain de la Santé, mettent en évidence les effets néfastes des réseaux sociaux sur les adolescents.* »[19] Ces études démontrent l'importance pour les parents de prendre au sérieux leur rôle d'éducateurs principaux de leurs enfants. Les parents doivent être prêts à aller au-delà de la satisfaction des besoins physiques fondamentaux de leurs enfants, tels que la nourriture et le logement. Il est essentiel pour une relation saine 'parent-enfant', d'enseigner aux enfants, dès leur tendre enfance, les valeurs de la vérité et de la raison, de la foi et de la réalité scientifique, de la tradition et de la discipline, ainsi que de favoriser la confiance et le partage d'idées. Un enfant doit pouvoir se confier à ses parents sur des questions qui le préoccupent et pouvoir compter sur leur aide solide et aimante, à tout moment, tout au long de sa vie. Après tout, être parent est censé être un engagement pour toute la vie.

Je me demande si les parents d'aujourd'hui sont conscients de ce qui se passe dans la vie de leurs enfants. Savent-ils à quel point leurs enfants sont littéralement endoctrinés par les idéologues woke à tra-

---

[18] https://washingtonstand.com/news/fathers-are-crucial-to-healthy-outcomes-for-kids-studies-confirm

[19] https://www.dailysignal.com/2024/08/13/8-3-million-minors-received-mental-care-in-2023-highlighting-a-decaying-culture/?

vers la société? Je recommande à tous les parents de s'impliquer activement dans la vie quotidienne de leurs enfants, en encourageant les conversations et les discussions autour de la table, dès le plus jeune âge, et plus particulièrement lorsqu'ils entrent à l'école, dès la maternelle. Une bonne structure, des traditions, de la discipline, une bonne dose de valeurs morales et, oserais-je dire, de valeurs religieuses, peuvent grandement contribuer à contrer la perte progressive de leur progéniture au profit de cultes idéologiques, des réseaux sociaux et des maladies mentales. C'est très important, car le système éducatif favorise une érosion progressive des droits parentaux. Les autorités scolaires aident les mineurs à prendre des décisions qui changent leur vie sans le consentement de leurs parents et/ou à leur insu. Les enfants et les adolescents mènent parfois une double vie, principalement en ce qui concerne les questions transgenres telles que les pronoms et les noms préférés, et voire même la prise de médicaments. De nombreux élèves prennent des médicaments à l'école à l'insu de leurs parents. Les responsables scolaires agissent comme s'ils avaient à cœur le bien-être de l'enfant plus que les parents. Cela ne devrait pas être le cas. Les parents sont les personnes qui devraient avoir à cœur l'intérêt supérieur de leurs enfants, et c'est généralement le cas.

Un exemple récent d'exclusion des parents est au cœur d'une affaire jugée en août 2024 aux États-Unis, à Denver, dans le Colorado. Depuis 2021, il existe une politique scolaire appelée « Parental Exclusion Policy » (politique d'exclusion des parents) qui empêche les écoles d'informer les parents de la transition de leur enfant si celui-ci n'y consent pas.[20] Une conseillère du lycée de Brighton s'est appuyée sur cette politique lorsqu'elle a permis à une élève de quatorze ans de changer secrètement de sexe à l'insu et sans le consentement de ses parents. Des traitements qui changent la vie, tels que la chirurgie de l'ablation des seins et les traitements hormonaux, ont été recommandés par le thérapeute transgenre auquel la jeune fille avait été orientée par la conseillère scolaire. Les parents n'ont jamais été informés de ces événements importants dans la vie de leur enfant. La jeune fille en question a finalement regretté sa « transition ». Les parents et leur fille ont déposé une plainte et poursuivent l'école en justice, dans l'espoir de lutter contre les politiques qui ont permis à l'école de leur cacher ces informations cruciales: « *La transition sociale est une forme puissante de traitement psychologique* », indique la plainte, arguant que chez les mineurs, « *elle ne peut être effectuée que sous la supervision attentive d'un professionnel de la santé mentale qualifié et avec l'implication étroite des parents à chaque étape du processus* »[21] Il est impératif que les parents du monde entier défendent toujours leurs droits parentaux ainsi que la santé et la sécurité de leurs enfants.

Les parents doivent être conscients de la manière dont le système éducatif promeut l'idéologie woke actuelle dans les écoles, non seulement au niveau secondaire, mais aussi à l'école primaire. La nature même de l'éducation est censée être la recherche de la vérité; les en-

---

[20] https://www.ncregister.com/cna/parents-sue-colorado-school-for-secretly-facilitating-daughter-s-gender-transition
[21] Ibid.

seignants sont appelés à éclairer la vérité et les élèves sont censés rechercher la vérité en réfléchissant, en grandissant, en se développant et en posant des questions afin d'arriver à la vérité, au lieu de se voir dicter ce qu'ils doivent penser, ce qui revient en fait à de l'endoctrinement. Cela conduit à son tour à propager le changement social par l'activisme plutôt que par la compréhension de la réalité: c'est essentiellement ce qu'est la théorie dite critique. Ce qui est actuellement propagé dans les classes, relève davantage de l'endoctrinement à l'idéologie woke, au lieu d'être la recherche de la vérité objective. Noelle Mering, autrice de *Awake, Not Woke*: *A Christian Response to the Cult of Progressive Ideology (Tan Books, 2021)* et membre du Ethics and Public Policy Centre, explique cette question dans la série *In Focus: Confronting a Woke World (site web Faith and Reason)* : « *Traditionnellement, on dirait* : « *Vous étudiez, vous apprenez et vous vous éduquez dans le but d'atteindre la vérité. Si vous vous trompez, vous voulez être corrigé, donc vous voulez inviter au débat, vous voulez inviter au dialogue, car votre objectif est la vérité. Si votre objectif n'est pas la vérité, mais le pouvoir, vous voulez faire taire la dissidence, vous ne voulez pas l'inviter.* » ... *Le but* (de la théorie critique) *n'est pas de se débattre et de lutter avec la réalité afin de l'accepter, mais de la changer. Vous devez changer la réalité. Ainsi, devenir activiste fait partie de votre éducation, selon la théorie critique. Vous n'êtes pas seulement censé réfléchir, vous êtes en fait censé sortir et changer le monde, au nom de l'idéologie, pour élever la conscience... cela fait partie du marxisme... c'est une fausse conscience.* »[22] *Je recommande vi-*

---

[22] https://faithandreason.com/episodes/key-thinkers/

vement de regarder cette série; Noelle Mering discute de cette idéologie qui s'empare de la société et, plus important encore, de nos enfants, avec son hôte, le père Dave Pivonka, président franciscain de l'université de Steubenville. Peut-être que cette série aidera les parents à avoir une discussion ouverte avec leurs enfants, afin de leur faire prendre conscience de la manière dont ils sont manipulés par la société.

Un autre facteur important qui affecte la société est le changement de langage concernant, entre autres, le mariage et la famille. Pendant des millénaires, le mot « mariage » a toujours été clair et compris dans le monde entier comme étant l'union légale et/ou religieuse reconnue entre un homme et une femme, tandis que le mot « famille » a toujours été reconnu comme désignant la mère, le père et les enfants issus de l'union procréatrice entre un homme et une femme. Cette réalité traditionnelle du mariage et de la famille, acceptée depuis des milliers d'années, a été complètement bouleversée en l'espace de quelques décennies. Avec l'avènement des unions entre personnes du même sexe qui souhaitent être universellement reconnues comme des mariages, le langage a été modifié à jamais. Ce qui était une réalité évidente hier est devenu une « réalité linguistique» aujourd'hui. Nous avons donc désormais le « mariage gay ». Les étapes logiques suivantes ont très vite suivi. Les familles «arc-en-ciel» avec deux pères ou deux mères sont reconnues comme étant des familles à juste titre, et les « familles transgenres» sont célébrées. J'ai rencontré un jour un couple de lesbiennes qui avaient toutes deux décidé de changer de sexe. Elles sont désormais deux « hommes » qui ont adopté un petit garçon et font partie des « familles arc-en-ciel » tant louées dans notre communauté. Le problème avec le langage, c'est que les mots ont leur importance. Nous avons besoin d'un langage commun pour vivre en harmonie.[23] Lorsque le sens des mots est modifié par des activistes et des idéologues, des générations entières ne parviennent plus à s'entendre, selon leur raisonnement et les définitions établies. Si quelqu'un me dit, par exemple, qu'il a rencontré une famille au parc, je devrais pouvoir supposer qu'il s'agit d'une famille « traditionnelle » : une femme biologique (mère) et un homme biologique (père) avec un ou plusieurs enfants. Comment pourrais-je penser qu'il s'agit d'une « famille transgenre» ? Les familles non traditionnelles imposent leurs choix de vie à la société, exigeant une reconnaissance en modifiant les normes et le langage, ce qui crée une confusion. Nous devons constamment peser nos mots afin de ne « choquer » personne. Des mots anodins tels que « il » et « elle » sont devenus des armes, allant jusqu'à coûter à certaines personnes leur emploi et leur gagne-pain. Ce phénomène est tellement ancré dans notre culture actuelle qu'un projet de loi a été déposé dans le Massachusetts visant à supprimer les mots « mère » et « père » des droits parentaux: « *Parmi ses dispositions, le projet de loi [...] supprime les mots « mère » et « père » des lois du Massachusetts relatives à la reconnaissance parentale. La gouverneure Maura Healey, qui a décrit le Massachusetts comme « fier d'être un leader national et un pionnier en matière d'égalité LGBTQ+ », a promis de signer le projet de loi.* »[24] Comme l'affirme Charles J. Russo, professeur de

---

[23] https://faithandreason.com/episodes/do-you-hate-me/
[24] https://www.Catholicworldreport.com/2024/08/06/massachusetts-bill-will-eliminate-mother-and-father-from-parenting-laws/

recherche en droit et président du département d'éducation à l'université de Dayton, dans l'Ohio, ainsi que professeur adjoint à l'université Notre Dame d'Australie, à propos de cette question: « *La disposition du projet de loi vise à modifier les structures familiales qui existent depuis la nuit des temps en supprimant le mot « père » et en remplaçant « mère de l'enfant » par « personne qui a donné naissance »... Il semble évident que les élus du Massachusetts ont pris pour cible les croyances chrétiennes et traditionnelles, ainsi que les valeurs qui y sont associées...* »[25] Comme l'explique plus en détail le professeur Russo: « *...les personnes croyantes se sont vu refuser la possibilité d'adopter et/ou d'être parents d'accueil, tandis que d'autres ont perdu la garde de leur enfant mineur qui souhaitait changer de sexe, car leurs valeurs religieuses les empêchaient de soutenir le programme LGBTQ. De plus, les croyants contestent une loi californienne qui restreint les droits parentaux en interdisant aux responsables des écoles publiques de les informer lorsque leurs enfants cherchent à changer de pronom et/ou de sexe sans leur accord.*[26] Il est assez ironique que les idéologues qui prônent « la diversité et l'inclusivité » dans tous leurs discours sur ce sujet soient précisément ceux qui excluent la partie traditionnelle de la population; ne faisons-nous pas également partie de la diversité? Pourquoi notre point de vue n'est-il pas pris en compte? *Au contraire,* nous sommes sommairement écartés et contraints d'accepter, d'affirmer et de participer au point de vue idéologique. Dans ce projet de loi particulier, les élus excluent carrément les mères et les pères en supprimant leurs appellations des registres

---

[25] Ibid.
[26] Ibid.

officiels. Ils ne sont pas reconnus pour ce qu'ils sont. Je considère cela comme un rejet total de ce que nous sommes en tant que peuple traditionnel. Qu'est-il advenu du slogan « acceptez-moi tel que je suis », qui est le thème principal du programme LGBTQ ? Pourquoi cette phrase ne peut-elle être prononcée que par une personne LGBTQ ? Les mères et les pères ne sont manifestement pas acceptés, ni reconnus, pour ce qu'ils sont: des hommes et des femmes biologiques qui ont procréé un enfant et qui s'occupent de tous les aspects de la vie de cet enfant. C'est encore plus vrai si vous êtes une famille chrétienne croyante, dont le modèle parfait est la Sainte Famille de Marie, Joseph et Jésus, l'unité familiale *par excellence*. En rejetant l'unité familiale traditionnelle, ne rejettent-ils pas implicitement la Sainte Famille? Ne rejettent-ils pas la vision de Dieu sur la famille, telle qu'elle est décrite dans le Livre de la Genèse, lorsque Dieu a donné Ève à Adam et leur a dit d'être féconds?

Enfin, alors que le féminisme radical, les normes sociales et les idéologies s'attaquent au mariage traditionnel et à la famille, nous devons également tenir compte des comportements des hommes et des femmes les uns envers les autres. Être marié implique une fidélité totale l'un envers l'autre. Je ne comprends tout simplement pas les conjoints qui acceptent l'infidélité comme faisant partie de leur union. J'ai entendu parler d'épouses qui ferment les yeux sur les écarts de conduite de leur mari et de maris qui acceptent l'infidélité de leur femme pour des raisons de commodité ou financières. Je suis tout à fait opposé à cet état d'esprit. Ce doit être la fidélité totale ou rien. C'est ainsi que cela devrait être. Cela est explicitement inscrit dans nos vœux de mariage, dans la partie où l'on renonce à tous les autres. En plus de la fidélité, je crois que les conjoints sont censés être des compagnons. Je pense personnellement que les maris et les femmes ont le devoir de conseiller leur conjoint et, oserais-je dire, de leur « dire » quoi faire dans certaines circonstances. Par exemple, je préférerais de loin que mon mari me dise franchement qu'il ne veut pas que je me promène en mini jupe plutôt que de se taire sous prétexte que je ne suis pas son enfant et que je peux faire ce que je veux. Franchement, une telle attitude laxiste dénote un manque d'attention. Les conjoints sont censés s'entraider. Il va sans dire que chacun fait ses propres choix et prend ses propres décisions, mais il faut au moins essayer de guider l'autre dans la bonne direction. De nos jours, les maris ont peur d'exprimer leur opinion, en grande partie à cause de la rhétorique féministe qui dénigre les hommes. Il en va de même pour les femmes: elles ne veulent pas être considérées comme des mégères. Combien d'épouses ont gardé le silence face à leur mari qui dépensait du temps et de l'argent dans la pornographie au lieu de s'exprimer dès le début? De quel droit un mari (ou n'importe qui d'autre d'ailleurs) devrait devenir accro à la pornographie alors qu'il a une femme et une famille à charge? De quel droit une épouse devrait aller « prendre un petit café » avec un collègue masculin après le travail? Pourquoi un mari irait-il déjeuner avec une voisine sans son épouse? Pourquoi une femme irait-elle à une fête avec quelqu'un d'autre que son mari? Aussi innocents que puissent être tous ces scénarios, n'est-il pas plausible qu'il y ait quelque chose de sous-jacent? Combien de fois avons-nous entendu l'explication facile « C'est juste arrivé comme ça; ce n'était pas prévu. » lorsqu'un conjoint découvre que l'autre l'a trompé? Rien n'arrive « juste comme ça ». Il y a toujours un premier pas qui mène à l'inévitable. Tout cela pour dire que trouver une personne avec qui partager sa vie, dans le mariage, et prendre soin l'un de l'autre, pour la vie, est un pilier traditionnel qui doit être encouragé et protégé, surtout lorsqu'il s'agit de procréer et d'élever des enfants, qui sont, après tout, notre avenir.

Chapitre 9

Sur le catholicisme et la liberté de religion

« Tout vient de Dieu, qui nous a réconciliés avec lui par le Christ et nous a confié le ministère de la réconciliation. [...] Nous sommes donc les ambassadeurs du Christ, puisque Dieu fait appel à nous. Nous supplions au nom du Christ: « Soyez réconciliés avec Dieu » (2 Co 5: 18, 20).

La religion existe, sous une forme ou une autre, depuis des milliers d'années. La mythologie grecque regorge de dieux et de divinités. Les prophètes de l'Ancien Testament ont annoncé l'avènement d'un Messie, préparant ainsi la voie aux Évangiles du Nouveau Testament. La croyance en un Dieu tout-puissant s'est fermement établie avec le judaïsme et le christianisme. La troisième religion monothéiste est l'islam, lorsque le prophète Mahomet a reçu la visite de Jibril, l'ange de Dieu, en 610 après J.-C. et que la parole d'Allah (Dieu) a été transmise par le Coran. Selon statista.com, ces trois religions représentent environ 55 % de la population mondiale.[1] D'autres religions, telles que le bouddhisme, l'hindouisme et d'innombrables autres, reflètent clairement le besoin de religiosité et de spiritualité dans la vie de la plupart des gens. Même les athées et les agnostiques autoproclamés ont besoin de croire en quelque

---

[1] https://www.statista.com/statistics/374704/share-of-global-population-by-religion/

chose, que ce soit l'humanisme, l'environnementalisme ou tout autre « isme » auquel ils peuvent s'accrocher. Il est inhérent à l'humanité d'être spirituelle ou religieuse, sous une forme ou une autre. En tant que Catholique, je crois fermement en un seul Dieu: la Sainte Trinité, Dieu le Père, Dieu le Fils (Notre Seigneur et Sauveur Jésus-Christ) et Dieu le Saint-Esprit. Je crois tout ce que la Sainte Église Catholique enseigne et croit, car c'est Dieu qui l'a révélé, par l'intermédiaire de son Fils unique, Jésus-Christ.

Vivre dans une démocratie signifie que je devrais avoir la liberté de religion et la liberté d'expression, ce qui me permet de proclamer ma foi sans crainte de persécution. Si la liberté religieuse concerne l'immunité contre la coercition dans la société civile, et n'implique pas que toutes les religions soient également vraies, la liberté de religion s'applique à toutes les religions, partout, et elle doit pouvoir s'exercer dans le cadre de l'ordre public juste et du bien commun (*Dignitatis Humanae* 2, 7). Cependant, nous ne vivons pas dans un monde parfait. Il n'existe qu'un seul endroit parfait, et cet endroit est la vie éternelle avec Dieu, généralement appelée le paradis. Jusqu'à ce que nous arrivions, espérons-le, au paradis, la vie sur terre est une lutte constante, dont l'une des difficultés est l'absence de liberté totale pour exercer sa religion publiquement et sans crainte.

De nombreux pays dans le monde persécutent ouvertement des personnes en raison de leurs croyances religieuses. La Chine a un très mauvais bilan en matière de violations des droits humains et de persécution des minorités religieuses. Nous sommes tous plus ou moins conscients de la persécution des moines tibétains par la

Chine: « *Le bouddhisme tibétain est considéré comme une menace pour l'État chinois occupant et est strictement réglementé, les autorités chinoises surveillant et contrôlant de près les activités religieuses dans les monastères et les couvents.* »[2] L'actuel Dalaï Lama, guide spirituel des bouddhistes, vit en exil depuis 1959,[3] séparé de son peuple. Il y a aussi les musulmans ouïghours qui sont détenus dans des camps de concentration en Chine et qui se voient refuser la liberté d'adorer Dieu selon leurs préceptes religieux: « *Le gouvernement chinois surveille de près les institutions religieuses ouïghoures. Même des actes ordinaires tels que prier ou se rendre à la mosquée peuvent constituer un motif d'arrestation ou de détention.* »[4] Les catholiques clandestins en Chine paient également le prix fort pour avoir simplement tenté de pratiquer leurs convictions spirituelles.[5] Des pays tels que l'Arabie saoudite,[6] l'Iran[7] et la Corée du Nord[8] restreignent la religion chrétienne, et le Nigeria[9] persécute ouvertement les chrétiens, comme en

---

[2] https://freetibet.org/freedom-for-tibet/occupation-of-tibet/

[3] https://www.theguardian.com/world/2021/jul/31/tibet-and-china-clash-over-next-reincarnation-of-the-dalai-lama

[4] https://www.ushmm.org/genocide-prevention/countries/china/chinese-persecution-of-the-uyghurs

[5] https://international.la-croix.com/religion/we-cannot-leave-the-church-in-china-under-the-control-of-a-party-that-destroys-everything

[6] https://globalchristianrelief.org/christian-persecution/countries/saudi-arabia/

[7] https://www.stefanus-usa.org/news/persecution-of-christians-intensifies-in-iran#

[8] https://globalchristianrelief.org/christian-persecution/countries/north-korea/

[9] https://adfinternational.org/commentary/nigeria-most-dangerous-country-christians#

témoigne le fait que Boko Haram kidnappe régulièrement des communautés catholiques entières.[10] Le Nicaragua[11] est un autre pays qui démantèle violemment la religion catholique; le président Daniel Ortega procède à des arrestations systématiques de prêtres et d'évêques, les emprisonne et/ou les envoie en exil et interdit l'expression publique du culte religieux.[12] En fait, la foi catholique est souvent harcelée, niée, rabaissée et profanée dans le monde entier. [13]

Un autre exemple récent de persécution des chrétiens est le cas d'Abdulbaqi Saeed Abdo, un Yéménite marié et père de cinq enfants, qui s'est converti de l'islam au christianisme: « *Abdo a été arrêté par les autorités égyptiennes en 2021 pour son implication dans une page Facebook dédiée au soutien des personnes qui se sont converties de l'islam au christianisme. Il vivait en Égypte en tant que demandeur d'asile enregistré auprès du HCR* (l'agence des Nations Unies pour les réfugiés) *après avoir reçu des menaces de mort dans son pays d'origine, le Yémen, suite à sa conversion au christianisme.* »[14] Cet homme n'a essentiellement pas le droit fondamental à la liberté de religion, ni à la liberté d'expression. Il n'est même pas libre d'expliquer la théologie chrétienne. Après avoir passé plus de deux ans en prison, il a décidé d'entamer une grève de la faim, qu'il explique dans une lettre déchirante adressée à sa femme et à ses enfants: « Ma *femme et*

---

[10] https://www.genocidewatch.com/single-post/nigeria-s-silent-slaughter-62-000-christians-murdered-since-2000#

[11] https://www.uscirf.gov/countries/nicaragua

[12] https://www.state.gov/reports/2022-report-on-international-religious-freedom/nicaragua/

[13] https://globalchristianrelief.org/christian-persecution/countries/

[14] https://adfinternational.org/news/father-imprisoned-egypt

mes enfants bien-aimés, qui sont précieux à mon cœur et à mon âme. ... J'ai commencé aujourd'hui, le 7 août 2024, une grève partielle... Et la raison de ma grève (est que) *ils m'ont arrêté sans aucune justification légale. Ils ne m'ont pas condamné pour aucune violation de la loi. Et ils ne m'ont pas libéré pendant ma détention provisoire qui a pris fin il y a 8 mois.* »[15] L'absence de tolérance religieuse dont font l'objet tous ceux qui osent se convertir à la foi chrétienne est totalement inacceptable, d'autant plus que lorsque des chrétiens se convertissent à l'islam, ni l'Église chrétienne ni le gouvernement laïc ne violent aucunement la liberté de ces convertis. Ne devrait-il pas y avoir au moins un semblant de respect réciproque? Comme l'a déclaré Kelsey Zorzi, directrice du plaidoyer pour la liberté religieuse mondiale à l'ADF (Alliance for the Defense of Freedom - Alliance pour la Défense de la Liberté) International: « *Les violations flagrantes des droits humains et les injustices perpétrées par les autorités égyptiennes dans cette affaire sont évidentes et révèlent comment les lois égyptiennes sont utilisées de manière abusive pour punir ceux qui ont des opinions et des croyances minoritaires. Les gouvernements du monde entier ne parviennent pas à faire respecter les normes juridiques appropriées en matière de liberté de religion et d'expression, laissant ainsi se développer sans contrôle la criminalisation des publications sur les réseaux sociaux et des pratiques religieuses. Que ce soit au Moyen-Orient, en Europe ou ailleurs, nous devons de toute urgence faire mieux pour protéger les droits humains fondamentaux et permettre à chaque individu de détenir et d'exprimer librement ses propres croyances.* »[16] Une fois de plus, partout dans le monde, les

---

[15] Ibid.

[16] https://adfinternational.org/news/father-imprisoned-egypt

gens devraient défendre la liberté de religion; lorsque la liberté d'exercer ses croyances religieuses est supprimée, toutes les autres libertés sont menacées, pour chaque individu, non seulement dans d'autres pays, mais aussi dans notre propre civilisation occidentale.

Un autre exemple de violation de la liberté religieuse concerne le domaine sportif: le groupe de défense Coptic Solidarity demande une enquête officielle sur le CIO (Comité international olympique) pour discrimination apparente à l'égard des athlètes chrétiens coptes égyptiens. Sur les 154 athlètes égyptiens présents aux Jeux olympiques d'été de 2024, un seul était chrétien.[17] Selon Samuel Tadros, conseiller du Philos Project,[18] un groupe de défense des chrétiens au Proche-Orient, les chrétiens ont toujours été victimes de discrimination en Égypte et les coptes représentent la moitié de la population chrétienne du pays.[19] Ils affirment aujourd'hui que les footballeurs coptes sont victimes de discrimination de la part de l'Égypte et ont créé un site web présentant leurs allégations et la pétition qui les accompagne.[20] Ils appellent le ministre égyptien de la Jeunesse et des Sports, le président de la FIFA (Association de la Fédération Internationale de Football) et le président de la Confédération africaine de football « *à ouvrir une enquête et à œuvrer pour mettre fin à toute discrimination sectaire à l'encontre des chrétiens coptes dans les clubs*

---

[17] EWTN News Nightly ; 16 août 2024 ; https://www.youtube.com/watch?v=IakJ9TyV-uM
[18] https://philosproject.org/
[19] Ibid.
[20] https://www.letcoptsplay.org/

de football égyptiens ».[21] Une fois encore, il est impératif que les chrétiens défendent leur droit d'exister et d'être reconnus pour ce qu'ils sont, et pour ce en quoi ils croient. Chaque fois que je suis confrontée à une forme de discrimination à l'encontre de la population chrétienne, je ne peux m'empêcher de remarquer à quel point « l'autre camp » réclame à grands cris la tolérance, l'acceptation, l'affirmation et la reconnaissance de ses « droits » (c'est-à-dire le droit à l'avortement, les droits des LGBTQ, les droits des homosexuels, le droit à l'euthanasie, les droits des transgenres, etc.), mais lorsqu'il s'agit des droits des chrétiens (c'est-à-dire la liberté de religion, le droit d'exprimer publiquement ses convictions, de parler de Dieu et de religion, etc…), il n'y a absolument aucune tolérance, acceptation, affirmation ou reconnaissance. On peut parler ici de partialité et de non-réciprocité. La société semble conditionnée à faire taire et à exclure les chrétiens à chaque occasion possible, y compris dans le domaine sportif !

Même sur notre propre continent, en Amérique du Nord, il existe une certaine forme de maltraitance envers les catholiques/chrétiens, bien qu'à une échelle beaucoup plus modérée que les meurtres, les tortures et les emprisonnements qui ont lieu à l'étranger. Souvent, l'intolérance religieuse se manifeste par un manque de respect et/ou des moqueries à l'égard de toute personne qui croit en Dieu. Il suffit de regarder la cérémonie d'ouverture des Jeux olympiques de Paris 2024, le 26 juillet 2024, qui a provoqué un tollé général en raison de la représentation irrespectueuse, par des drag queens, de la Dernière Cène, qui est, en fait, la croyance la plus sacrée et la plus profondément ancrée du christianisme: l'institution

---

[21] Ibid.

de l'Eucharistie.[22] Cette parodie a suscité l'indignation dans le monde entier; même les dirigeants musulmans ont condamné cet acte irrespectueux.[23] Ce type de comportement méprisant ne provient pas seulement de la société en général et des médias, mais aussi de nos propres cercles familiaux, de nos collègues, de nos amis et de nos connaissances.

Être ridiculisé parce qu'on croit en Dieu est le comble du mépris. J'en ai fait l'expérience à plusieurs reprises. Un épisode particulier me vient à l'esprit. Il y a environ huit ans, j'ai été orienté vers un spécialiste pour mon « pouce à ressort », une affection touchant ma main droite et mon pouce, due à un tendon fléchisseur enflé. Je ressentais des claquements et des craquements chaque fois que je devais étendre mon pouce. J'avais souffert de cette affection douloureuse pendant de nombreux mois, essayant tous les remèdes imaginables pour la soulager. Mon médecin de famille était également perplexe et avait décidé de m'orienter vers un spécialiste en orthopédie. Lors de ma toute première visite, cinq minutes après mon arrivée dans son cabinet, ce médecin tentait de me convaincre de le laisser inciser la base de mon pouce afin de pratiquer une intervention chirurgicale « de routine », sur le champ, dans son cabinet. Whoa !!! J'étais en choc par la rapidité de son diagnostic et de son plan de traitement! J'ai poliment refusé, en disant que je voulais y réfléchir et étudier les

---

[22] https://bcCatholic.ca/news/canada/olympic-organizers-abused-their-position-in-last-supper-mockery-Catholic-civil-rights-league-says

[23] https://www.Catholicnewsagency.com/news/258450/muslim-leaders-condemn-disgraceful-olympics-scene-it-offended-us-as-much-as-them

différentes options. Il a alors brossé un tableau très sombre de mon état, qui allait s'aggraver avec le temps, et m'a dit que seule une intervention chirurgicale pourrait soulager les symptômes. À ce moment-là, je lui ai calmement dit que j'étais croyante et que j'allais prier avant de prendre une décision finale. Il a réagi en éclatant de rire et en me demandant d'une voix forte et moqueuse: « Qu'est-ce que la religion a à voir avec ça ? » Il n'a montré aucun respect pour moi en tant que patiente, ni en tant que croyante. Je ne suis évidemment jamais retournée voir ce médecin. Son manque total de tolérance était consternant, sans parler de son manque de professionnalisme. Je n'ai jamais déposé de plainte pour la simple raison que je ne pensais pas qu'elle aurait été prise au sérieux, car elle aurait été fondée sur des motifs religieux. Après tout, d'après mon expérience, la société a une perspective plutôt sécularisée/laïque et a tendance à rejeter les croyants comme ne méritant pas le respect qui leur est dû. Toujours est-il, il se trouve qu'une de mes petites élèves de maternelle à l'époque avait remarqué que j'avais un problème au pouce; elle m'avait gentiment dit qu'elle prierait pour moi. Je ne plaisante pas, mon pouce a complètement guéri naturellement, juste comme ça, et il est encore en bon état aujourd'hui! J'ai souvent entendu dire que Dieu écoute les prières sincères des enfants et des mères. Tout ce que je peux dire, c'est que dans ce cas particulier, une enfant a prié pour moi et mon pouce a guéri. Coïncidence? Personne ne peut le dire avec certitude; alors, qui sommes-nous pour dénigrer les croyances religieuses sincères des autres? Imaginez un instant que cette petite fille ait exprimé son intention de prier devant ce médecin spécialiste; son manque de respect dérisoire aurait pu la rendre incapable d'exprimer à nouveau sa croyance. Personne n'a le droit de détruire quelque chose d'aussi fondamental que la croyance en Dieu; cela va à l'encontre de la décence et de la bonne volonté.

Le manque de tolérance envers la croyance en Dieu est omniprésent. Il se manifeste quotidiennement dans la sphère publique. Parfois, il atteint même les plus hautes sphères du droit et de la politique. Un exemple flagrant de mépris des croyances religieuses est le non-respect des droits de conscience des médecins catholiques dans les hôpitaux catholiques d'Amérique du Nord. En tant que catholiques, ces médecins croient sincèrement que l'avortement, qui consiste à tuer un être humain innocent et sans défense, est moralement répréhensible; ils s'y opposent et refusent de pratiquer des avortements, qui sont explicitement interdits par la doctrine catholique. Cela étant dit, les gouvernements rejettent ces objecteurs religieux/de conscience. Les médecins et les infirmières des hôpitaux catholiques sont harcelés pour qu'ils pratiquent des avortements, qualifiés de « soins de santé d'urgence », de « soins de santé reproductive essentiels » ou simplement de « soins de santé ». La Conférence des évêques catholiques des États-Unis explique la situation: « *Depuis des décennies, ils tentent de forcer les hôpitaux catholiques à pratiquer des avortements ou à fermer leurs portes... La campagne visant à priver les prestataires de soins de santé catholiques de leurs droits de conscience a rencontré un certain succès... Aujourd'hui, les militants pro-avortement mettent en œuvre une stratégie subtile et progressive pour supprimer les droits de conscience... Les militants pro-avortement ont également obtenu le soutien des gouvernements étatiques et locaux pour discriminer les prestataires de soins de santé pro-vie ... La défense de ces droits n'est pas seulement une question catholique. C'est un droit humain fondamental que de refuser de participer à des actions moralement répréhensibles...* »[24] Si les médecins et les infirmières voient leurs convictions publiquement rejetées, imaginez comment les « gens ordinaires » peuvent être victimes de discrimination en raison de leur foi, dans leur vie quotidienne au travail (avec leurs collègues) et à la maison, avec les membres de leur famille, leurs amis et leurs connaissances.

Ma propre famille élargie est très nombreuse; elle compte d'innombrables membres qui, pour la plupart, sont non-croyants. Très peu d'entre eux respectent mes croyances. Leurs réactions vont de l'hostilité ouverte et des insultes, à des rires moqueurs et dénigrants devant ma « naïveté » à lire la Bible ou à suivre les enseignements de l'Église catholique. Un membre de la famille est allée jusqu'à réprimander mon conjoint parce qu'il allait à la messe le dimanche; elle a manifesté une incrédulité totale quant au fait qu'il participe à une pratique aussi futile, selon elle. Son exclamation « QUOI ? POURQUOI ? » était un spectacle à voir! Un autre membre de la famille a pontifié que c'était mal de la part de Jésus d'avoir choisi que des hommes comme apôtres! J'ai même entendu des personnes de mon entourage préconiser la masturbation chez les enfants, puis déclarer que les jeunes qui se masturbent sont purs et innocents et n'ont pas besoin d'aller se confesser! Puis il y a eu la messe nuptiale, le jour de mon mariage, où quelques invités ont pris des « selfies » pendant la consécration, le moment le plus sacré de la messe, comme en témoignent les photos de mon album de mes

---

[24] https://www.usccb.org/committees/pro-life-activities/assault-Catholic-health-care

noces. Si j'ose essayer d'élucider certains enseignements de l'Église, je suis qualifié de fanatique et on me dit que personne ne veut entendre ce que j'ai à dire. J'espère que Dieu me pardonnera d'avoir décidé de ne plus jamais parler de religion et de morale à ces personnes. Je me suis promise de garder le silence et d'essayer de faire abstraction des commentaires irrévérencieux que j'entends. Un très bon ami m'a dit que je m'exprimerais tout aussi fort par de simples exemples de patience et de gentillesse; en termes plus simples, les actions parlent plus fort que les mots. L'avenir nous le dira. En attendant, je surveille de près la liberté de religion dont nous jouissons encore au Canada et je compatis de tout cœur avec mes frères et sœurs chrétiens, persécutés dans le monde entier.

Chapitre 10

Sur les arts et les artistes

« Il l'a rempli de l'Esprit de Dieu, d'habileté, d'intelligence et de savoir-faire pour réaliser toutes sortes d'ouvrages, pour concevoir et travailler l'or, l'argent et le bronze, pour tailler les pierres et les sertir, pour sculpter le bois, et pour exercer toutes sortes d'ouvrages d'art. » Exode 35: 30-35

J'adore regarder des films. J'aime écouter de la bonne musique. J'admire les beaux tableaux. Il n'y a rien de mieux que de lire un bon livre lors d'un après-midi pluvieux. Toutes ces petites joies sont rendues possibles grâce à des artistes talentueux et doués. En fait, certains des plus grands talents artistiques, universellement reconnus et loués à travers l'histoire, étaient catholiques. Les lecteurs et les cinéphiles savent-ils que l'auteur du *Seigneur des anneaux,* J.R.R. Tolkien, était un fervent catholique? Tout comme l'acteur et réalisateur Mel Gibson, dont le chef-d'œuvre, *La Passion du Christ,* sorti en 2004, est tout simplement époustouflant. Quant aux peintres et sculpteurs, il suffit de mentionner le plafond de la chapelle Sixtine, ou la statue de David, de Michel-Ange, La Cène ou la Joconde de Léonard de Vinci, le baldaquin de Bernini dans la basilique Saint-Pierre de Rome et les techniques de Caravage combinant ombres et lumières dans son célèbre tableau *La Vocation de saint Matthieu,* pour témoigner d'une admiration sans bornes pour leurs talents et leurs dons merveilleux. Ce ne sont là que quelques exemples parmi tant d'autres d'artistes catholiques célèbres et de leurs contributions au monde. Il est évident que l'Église catholique est, et a toujours été, une mécène et porte-parole des arts, depuis les débuts du christianisme.

Commençons par Saint Luc, l'un des auteurs des Évangiles, qui est à l'origine de la célèbre icône de la Vierge Marie avec l'enfant Jésus: « *Pour les iconographes, saint Luc est vénéré comme le premier (selon la tradition) à avoir peint une icône de la Sainte Mère. En iconographie, on utilise le verbe « écrire » plutôt que « peindre », car une icône est considérée comme de la théologie visuelle.* »[1] De plus, « *on trouve un certain nombre d'images de Marie sur les parois des grottes en Égypte, où les ermites décoraient leurs cellules d'images saintes, et il semble y avoir des images d'elle sur les murs des catacombes romaines.* »[2] L'art lui-même est un moyen d'exprimer la vérité et la beauté. En fait, la Dr Jem Sullivan, professeure associée de catéchèse à la Faculté de théologie et d'études religieuses de l'Université catholique d'Amérique, à Washington, D.C., s'exprime avec beaucoup d'éloquence sur l'expression de la vérité et de la beauté dans l'art, en tant qu'outil pédagogique dans l'enseignement de la foi catholique: « *Ses recherches et ses publications portent sur la catéchèse liturgique et la place de la beauté et des arts dans la catéchèse et l'évangélisation.*

---

[1] https://www.wordonfire.org/articles/saint-luke-the-artist/#
[2] https://www.redlandsdailyfacts.com/2011/06/17/legend-of-st-lukes-portrait-of-mary/

»[3] Le simple fait de contempler une belle œuvre d'art peut éveiller l'amour du sacré même dans le cœur le plus endurci. On peut en dire autant d'une chanson ou d'une mélodie.

L'un des moments où j'aime écouter de la musique, c'est lorsque je prends parfois le bus pour me rendre au centre-ville pour des rendez-vous. J'aime regarder le paysage défiler, avec mes écouteurs sur les oreilles, en écoutant des chansons. Avez-vous déjà écouté l'interprétation de Jackie Evancho de la prière du Seigneur, *Our Father,* (le *Notre Père*)? J'ai la chair de poule à chaque fois que je l'entends. Comme l'a dit le musicien, auteur, compositeur et producteur David Foster[4] : « Je *pense que c'est l'une des mélodies les plus magnifiquement construites de l'histoire de la musique. C'est l'une de mes préférées...* »[5] En fait, de nombreuses prières ont été mises en musique par des compositeurs et des musiciens talentueux, d'hier et d'aujourd'hui. Les versions de Gounod et Schubert de l'Ave Maria, le Messie de Haendel et l'Ave Verum Corpus de Mozart, entre autres, sont des exemples parfaits du talent artistique utilisé pour mettre en valeur la beauté du christianisme.

D'un autre côté, cependant, certains artistes utilisent leur talent pour profaner ou saper la foi chrétienne, tandis que d'autres, qui créent de belles représentations du christianisme, l'utilisent malheu-

---

[3] https://trs.Catholic.edu/faculty-and-research/faculty-profiles/sullivan-jem/index.html

[4] https://davidfoster.com/

[5] https://www.youtube.com/watch?v=Vg2AsS4CErM

reusement pour commettre des actes non chrétiens. Je fais ici référence à l'artiste catholique, le père Marco Rupnik, un mosaïste reconnu dont les œuvres sont exposées dans des églises, des chapelles, des sanctuaires et des lieux de culte partout dans le monde. Des lieux tels que la grotte de Lourdes en France, où la Vierge Marie serait apparue à Sainte Bernadette Soubirous en 1858, et le Vatican, ont exposé ses œuvres dans toute leur splendeur, à la vue de tous. Pour ceux qui ne connaissent pas cette affaire particulière, il est allégué de manière crédible que cet ancien prêtre jésuite aurait abusé de religieuses pendant des décennies, psychologiquement, sexuellement et spirituellement, allant jusqu'à intégrer la liturgie sacrée et l'art sacré dans ses actes d'abus.[6] Si cela est vrai, et toutes les preuves tendent à confirmer la véracité de ces allégations, ce qu'il a fait est tout simplement sacrilège. Il a été expulsé de son ordre jésuite et fait l'objet d'une enquête du Vatican. Mais ce qui est très troublant dans cette affaire, c'est le fait que ses œuvres d'art sont toujours exposées dans les plus grands lieux du monde entier. Jusqu'à présent, les Chevaliers de Colomb, en Amérique, ont pris la décision et les mesures nécessaires pour couvrir ses mosaïques qui étaient exposées sur les murs du sanctuaire national Saint-Jean-Paul II à Washington, D.C.[7] De même pour le Sanctuaire de Lourdes, qui a couvert les oeuvres de Rupnik, suite à la décision de l'évêque de Tarbes et Lourdes, Mgr Jean-Marc Micas.[8]

---

[6] https://www.Catholicnewsagency.com/news/258311/take-down-his-art-or-not-who-is-alleged-serial-abuser-father-marko-rupnik

[7] https://www.kofc.org/en/resources/communications/kofc-announces-conclusion-of-mosaic-review-process.pdf

[8] https://www.lepelerin.com/religions-et-spiritualites/lactualite-de-leglise/lourdes-camoufle-les-mosaiques-de-rupnik-11497

Chapitre 10 : Sur les arts et les artistes

De nombreux critiques débattent de la question de séparer un artiste de son art. Par exemple, le grand artiste Caravaggio a été impliqué dans un meurtre et d'autres incidents déplaisants, mais son art est toujours exposé en bonne place et vénéré à ce jour. Ce qui est différent dans le cas particulier de Marco Rupnik, c'est le fait indéniable qu'il est prêtre. Le Caravage n'était pas prêtre. Quoi qu'on en pense, en ce qui me concerne, un prêtre a une responsabilité chrétienne plus élevée que le commun des mortels, du simple fait des vœux sacrés qu'il a prononcés en devenant prêtre, tels que le vœu de chasteté et son devoir sacerdotal de conduire son troupeau vers Dieu et le Ciel (tout comme saint Jean-Marie Vianney (1786-1859), le saint curé d'Ars[9] dont la vie est une leçon pour tous les prêtres). Caravaggio était un pauvre pécheur, tout comme le reste de l'humanité. Si le père Rupnik est également un pauvre pécheur, son péché est aggravé par la trahison de ses vœux sacerdotaux et la distorsion de ses pouvoirs sacerdotaux d'influence sur ses ouailles. Les fidèles dont il avait la charge ont été trahis. Un prêtre est censé être une figure christique. Les crimes qu'il est soupçonné d'avoir commis sont loin d'être christiques. Chaque fois que l'on voit les œuvres du Père Rupnik, on est immédiatement confronté à ses crimes présumés. À ce jour, en août 2024, il se promène toujours librement, exerçant son métier d'artiste, comme si rien d'inhabituel ne se passait. Il s'agit d'une affaire très difficile; il faudra peut-être beaucoup de temps à l'Église et à la justice pour décider du sort à réserver aux œuvres artistiques de cet homme et à l'homme lui-même.

---

[9] https://www.olrl.org/lives/vianney.shtml

Mis à part le père Rupnik, il existe des artistes modernes travaillant dans le domaine de la sculpture et de la peinture qui ne sont pas prêtres, mais laïcs, et qui utilisent leur art de manière sacrilège, tout en justifiant leurs représentations comme étant quelque chose de louable. Des exemples tels que la photographie du Christ « urinaire » réalisée en 1987 par l'artiste Andres Serrano ont suscité un véritable tollé à l'époque. Bien que cet homme ne soit pas prêtre, il est néanmoins appelé à respecter le sacré et à utiliser ses talents dans le but d'édifier par la beauté. À mon avis, et à celui de beaucoup d'autres, représenter notre Seigneur et Sauveur Jésus-Christ trempé dans un bocal contenant l'urine de l'artiste n'est pas le summum de la beauté sacrée, ni du respect pour notre Dieu crucifié qui a donné sa vie pour l'humanité. Je ne suis pas un critique d'art professionnel, je ne me permettrais donc pas de critiquer l'œuvre de cet homme du point de vue artistique. En tant que catholique, je préfère toutefois contempler un crucifix ordinaire, et méditer sur le sacrifice merveilleux de Jésus mourant sur la croix par amour pour nous et pour le salut des pécheurs partout dans le monde. Nous savons tous que Jésus a été extrêmement maltraité; nous n'avons pas besoin de le voir immergé dans l'urine pour comprendre sa persécution.

Une autre artiste contemporaine qui a franchi la ligne de la décence est la sculptrice autrichienne Esther Straub. Elle a représenté la Sainte Vierge Marie, les jambes écartées, en train d'accoucher, avec une vue frontale complète de la tête de Jésus émergeant de son canal génital, d'où le nom de « *Couronnement* » donné à cette sculpture. Il s'agit en fait d'un jeu de mots, étant donné que la conception

Chapitre 10 : Sur les arts et les artistes 173

catholique du « couronnement » est liée au fait que Marie a été couronnée reine du ciel (le couronnement de Marie est contemplé dans la cinquième dizaine du rosaire dans les mystères glorieux du Rosaire[10]). Quelques jours après avoir été exposée dans la cathédrale autrichienne de Linz, la statue a été décapitée par un inconnu. Franchement, ce type de représentations dites religieuses sont pour le moins de mauvais goût. Le cardinal allemand Gerhardt Müller les a décrites comme « *une publicité pour l'idéologie féministe qui viole le sens naturel de la modestie* ».[11] Son opinion est tout à fait pertinente. Selon le site web Hyperallergic, une publication en ligne sur les perspectives contemporaines en matière d'art, de culture et plus encore : « *L'artiste a déclaré avoir créé cette sculpture pour « combler le vide dans la naissance du Christ d'un point de vue féministe », en référence aux représentations aseptisées de l'enfant Jésus dans la crèche. « La plupart des images de la Vierge Marie ont été réalisées par des hommes et ont donc souvent servi les intérêts patriarcaux »*, a-t-elle fait remarquer.[12] Lorsque la statue a été exposée pour la première fois, avant sa décapitation, une pétition demandant son retrait a circulé, arguant que « *la naissance du Christ est l'un des mystères centraux de la foi chrétienne* » et que les artistes ont intentionnellement évité de représenter Marie en train d'accoucher au cours des 2 000

---

[10] https://marian.org/mary/rosary/glorious-mysteries

[11] https://www.Catholicnewsagency.com/news/258233/cardinal-muller-condemns-statue-of-virgin-mary-giving-birth-displayed-in-austrian-cathedral

[12] https://hyperallergic.com/931419/sculpture-of-virgin-mary-in-labor-beheaded-in-austrian-cathedral/

dernières années.[13] En effet, ces manifestants estimaient que l'art devait enseigner la foi à travers la beauté et non à travers des idéaux féministes visant à réinventer deux mille ans de révélation évangélique. La naissance du Christ a toujours été considérée comme un mystère sacré et vénérée comme telle. Qui sommes-nous pour briser les soi-disant barrières de la révélation divine de son incarnation? Tout au long de l'histoire, les plus grands artistes du monde ont traité ce sujet avec la plus grande révérence envers la Sainte Vierge Marie, et c'est ainsi que cela doit être. En fait, la naissance de tout enfant devrait être considérée comme un grand cadeau à contempler avec une admiration modeste. Personnellement, je ne suis pas intéressé par les représentations anatomiques explicites de Jésus venant au monde. Sa simple présence suffit à elle-même.

Enfin, je suis convaincu que les artistes, qu'ils soient peintres, écrivains, acteurs, réalisateurs, auteurs, sculpteurs, compositeurs, musiciens, chanteurs ou tout autre créateur artistique, doivent traiter les représentations religieuses avec respect et révérence, tout comme toutes les autres catégories d'« ismes » exigent le respect et la révérence pour leur système de croyances personnelles, y compris les lobbyistes LGBTQ, les pro-choix, les athées et tous ceux qui se situent entre les deux. Si je regarde un film sur Jésus, je n'apprécie pas de le voir représenté comme un homme ordinaire avec des défauts et des tentations ordinaires. Je veux voir une représentation de lui basée sur l'Évangile, en tant que Fils de Dieu venu pour notre salut ultime. À part quelques exceptions, c'est principalement ce qui

---

[13] Ibid.

a été la norme dans le monde artistique, qui a profondément et considérablement enrichi l'humanité avec ses représentations pendant de nombreux siècles. J'espère que les prochaines générations d'artistes suivront les traces des grands maîtres et apporteront vérité et beauté aux gens partout dans le monde.

Chapitre 11

Sur l'euthanasie et le suicide assisté, la mort et la souffrance

« Nul n'est maître du souffle de vie pour le retenir, et nul n'a pouvoir sur le jour de la mort. » – Ecclésiaste 8:8

« Ceux qui ferment leurs oreilles au cri du pauvre crieront eux-mêmes et ne seront pas exaucés. » – Proverbes 21:13

« Ne me rejette pas au temps de ma vieillesse ; quand mes forces déclinent, ne m'abandonne pas. » – Psaume 71:9

« Portez les fardeaux les uns des autres, et vous accomplirez ainsi la loi du Christ. » – Galates 6:2

« Considérez comme une joie, mes frères, lorsque vous rencontrez diverses épreuves, car vous savez que l'épreuve de votre foi produit la persévérance. » – Jacques 1: 2-3

« Mais réjouissez-vous dans la mesure où vous participez aux souffrances de Christ, afin que, lorsque sa gloire sera révélée, vous puissiez aussi vous réjouir avec exultation. » – 1 Pierre 4:13

« Le Dieu de toute grâce, qui vous a appelés à sa gloire éternelle par le Christ [Jésus], vous restaurera lui-même, vous affermira, vous fortifiera et vous rendra stables, après que vous aurez souffert un peu de temps. » – 1 Pierre 5:10

La société moderne a, dans l'ensemble, adopté l'idée que seul compte le bonheur personnel et que rien ne doit entraver sa quête. La souffrance doit être évitée à tout prix, au point que l'euthanasie et le suicide assisté sont de plus en plus souvent inscrits dans la loi, dans un nombre croissant de pays occidentaux. Beaucoup de personnes dans mon entourage proclament publiquement qu'elles veulent « une piqûre dans le bras » pour mettre fin à leur vie dès que la douleur et la souffrance se font sentir; c'est ça, c'est tout! « À quoi bon souffrir ? » est la question rhétorique que j'entends tout le temps. Mais est-ce vraiment la solution? Tuer tout le monde à sa demande? Personnellement, je ne pense pas que ce soit la bonne façon de considérer la mort et la souffrance. J'accepte le chemin de croix que Jésus-Christ a parcouru. Je ne veux pas souffrir, mais si et quand je souffrirai, comme nous sommes tous destinés à le faire, pour une raison ou une autre, je veux unir mes souffrances à ses souffrances. Je crois en la souffrance rédemptrice et en sa valeur d'expiation pour mes péchés, dans l'espoir de réduire mon séjour au purgatoire. Avez-vous déjà entendu l'expression « offre-le à Dieu » ? Cela signifie offrir tout et n'importe quoi à Dieu, en union avec les souffrances de la passion et de la mort du Christ sur la croix, dans un acte d'expiation pour nos transgressions. Afin de comprendre et de suivre fidèlement ces préceptes, il est évident qu'il faut croire en Dieu, en Jésus-Christ et dans la doctrine et les enseignements de l'Église catholique, sur des questions telles que la souffrance rédemptrice, le purgatoire, le paradis et l'enfer. Il existe également le principe fondamental du caractère sacré de la vie, du sein maternel à la tombe. Il existe également des soins de fin de vie appelés *soins palliatifs*, qui sont conformes à la doctrine de l'Église. Le diocèse catholique romain de Peterborough propose un article complet sur le concept des soins palliatifs sur son site web, en commençant par une définition: « *L'Organisation mondiale de la santé définit les soins palliatifs comme « une approche qui améliore la qualité de vie des patients et de leurs familles confrontés aux problèmes liés à une maladie mortelle, grâce à la prévention et au soulagement de la souffrance par l'identification précoce et l'évaluation et le traitement irréprochables de la douleur et d'autres problèmes physiques, psychosociaux et spirituels ». Les soins palliatifs n'ont pas pour but d'accélérer ou de retarder la mort et reconnaissent que mourir est un processus normal. »*[1] En outre, « *le Catéchisme de l'Église catholique*[2] *(2276) affirme que « ceux dont la vie est diminuée ou affaiblie méritent un respect particulier ». À ce titre, le Catéchisme considère les soins palliatifs comme une « forme particulière de charité désintéressée [qui] doit être encouragée » (2279).... Le vénérable pape Pie XII a été le premier pontife à justifier l'utilisation d'analgésiques chez les malades en phase terminale, même si cela peut raccourcir la vie de la personne. Dans Evangelium Vitae, le pape Saint Jean-Paul II a réitéré: « Dans un tel cas (utilisation d'analgésiques et de sédatifs), la mort n'est ni voulue ni recherchée, même si, pour des motifs raisonnables, on court le risque de la provoquer: il*

---

[1] https://www.peterboroughdiocese.org/en/life-and-faith/palliative-care.aspx

[2] https://www.vatican.va/archive/ENG0015/_INDEX.HTM

s'agit simplement d'un désir d'apaiser efficacement la douleur en utilisant les analgésiques que la médecine met à disposition ».[3] En d'autres termes, il existe de nombreuses façons de traiter de manière licite, compatissante et conforme aux enseignements de l'Église, la maladie, la douleur, la souffrance, la fin de vie et la mort sans recourir à l'euthanasie légalisée des personnes vulnérables.

Tout d'abord, au Canada, il existe un processus légal, en vigueur dans tout le pays, visant à « aider » les personnes à mettre fin à leurs jours avec une assistance médicale: l'aide médicale à mourir (AMM). Le gouvernement canadien consacre un site web entier à ce programme:

« *L'aide médicale à mourir (AMM) est un processus qui permet à une personne jugée admissible de recevoir l'aide d'un médecin pour mettre fin à ses jours... un médecin ou une infirmière praticienne administre directement une substance qui provoque la mort, telle qu'une injection d'un médicament... un médecin ou une infirmière praticienne fournit ou prescrit un médicament que la personne admissible prend elle-même afin de provoquer sa propre mort...* ».[4] Il existe quelques lignes directrices et conditions pour garantir que cette « aide » ne soit accordée que dans des cas extrêmes. Cela dit, comme c'est souvent le cas pour de nombreuses règles et réglementations, des abus et des exagérations ont lieu, au point que ce type de recours

---

[3] https://www.peterboroughdiocese.org/en/life-and-faith/palliative-care.aspx

[4] https://www.canada.ca/en/health-canada/services/health-services-benefits/medical-assistance-dying.html

Chapitre 11 : Sur l'euthanasie et le suicide assisté 181

est devenu monnaie courante. Depuis sa création et sa légalisation, de plus en plus de Canadiens choisissent de mettre fin à leurs jours avec assistance. Selon statisca.com, le nombre de décès par aide médicale à mourir a considérablement augmenté: « *En 2022, il y a eu 13 241 décès par aide médicale à mourir au Canada. Le nombre de décès par aide médicale à mourir au Canada a augmenté au cours des dernières années, alors qu'il n'y en avait eu que 5 665 en 2019. En 2022, le Québec était la province qui comptait le plus grand nombre de décès par aide médicale à mourir, suivie de l'Ontario et de la Colombie-Britannique. La plupart des décès par aide médicale au Canada concernent des personnes âgées et, dans la plupart des cas, une mort naturelle est raisonnablement prévisible.* »[5] En fait, l'augmentation du nombre de décès par aide médicale à mourir a été telle que le Canada a désormais dépassé tous les autres pays à cet égard: « *Le Québec dépasse les Pays-Bas et se place en tête du classement mondial en termes de nombre par habitant... Le Québec est désormais la juridiction où la proportion de personnes choisissant l'aide médicale à mourir (AMM) est la plus élevée*, a déclaré Michel Bureau, président de la Commission sur les soins de fin de vie de la province... *Au Québec, 5,1 % des décès résultent d'une AMM* », a-t-il déclaré lors d'une conférence de presse. « *Aux Pays-Bas, ce chiffre est de 4,8 % et en Belgique, de 2,3 %.* ».*Les taux ont également augmenté de façon constante dans le reste du Canada, atteignant 3,3 % de tous les décès en 2021. Le Québec applique sa propre loi sur l'AEM, adoptée en juin 2016.*[6] De plus, « en 2022, il y a eu 13 241 cas d'aide médicale à mourir au Canada,

---

[5] https://www.statista.com/statistics/1189552/medically-assisted-death-recipients-nature-of-suffering-canada/# :

[6] https://www.bmj.com/content/379/bmj.o3023

ce qui porte à 44 958 le nombre total de décès médicalement assistés au Canada depuis 2016. En 2022, le nombre total de cas d'aide médicale à mourir a augmenté de 31,2 % (2022 par rapport à 2021) contre 32,6 % (2021 par rapport à 2020). Le taux de croissance annuel des dispositions relatives à l'aide médicale à mourir est resté stable au cours des six dernières années, avec un taux de croissance moyen de 31,1 % entre 2019 et 2022. »[7] En fait, certaines personnes commencent à tirer la sonnette d'alarme face à l'explosion du nombre de décès médicalement assistés au Canada. La Canadian Broadcasting Corporation (CBC), via son site web CBC News, a rapporté ce qui suit: « *Les experts et les défenseurs qui se sont entretenus avec CBC News se sont demandé si le taux de croissance de l'aide médicale à mourir et le pourcentage de décès devaient être source d'inquiétude... Rebecca Vachon, directrice du programme de santé du groupe de réflexion chrétien non partisan Cardus,*[8] *a qualifié de « préoccupante » la croissance annuelle de l'aide médicale à mourir.*[9] Les professionnels de la santé se joignent également à cette préoccupation. Le Toronto Star a également rapporté que: « *Le nombre de Canadiens qui mettent fin à leurs jours par le biais de l'aide médicale à mourir a augmenté à un rythme qui dépasse celui de tous les autres pays du monde... Le Dr Sonu Gaind, chef du département de psychiatrie de l'hôpital Sunnybrook, s'est dit préoccupé par ce que la hausse des décès*

---

[7] https://www.canada.ca/en/health-canada/services/publications/health-system-services/annual-report-medical-assistance-dying-2022.html

[8] https://www.cardus.ca/about/our-mission/

[9] https://www.cbc.ca/news/politics/maid-canada-report-2022-1.7009704

assistés médicalement « révèle sur notre société ».[10] En effet, que reflète cette augmentation? D'après ce que je peux en déduire, elle reflète une mentalité qui refuse de prendre soin de nos aînés. Il est beaucoup plus pratique et rentable de simplement mettre fin à la vie d'une personne âgée malade que de s'occuper d'elle pendant une période plus ou moins longue. Mettre sa vie en attente pour s'occuper, par exemple, de sa mère âgée et malade, parfois pendant de nombreuses années, représente un bouleversement considérable. Cela exige beaucoup d'amour sacrificiel. Mais cette mère n'a-t-elle pas sacrifié sa propre vie pour s'occuper de ses enfants? La philosophie dominante consiste à être égocentrique et à ne penser qu'à son propre bonheur et à ses propres désirs. Des parents âgés et malades ne sont pas propices à nous faire vivre une vie telle qu'on l'entend. Il vaut mieux suivre la « fin compatissante » souvent citée et en finir avec eux; ils sont vieux et souffrants de toute façon. Quelle cruauté ! Les gens ont-ils oublié ce que nos aînés ont fait pour nous? Ils nous ont ouvert la voie, pris soin de nous, se sont sacrifiés pour nous, et c'est ainsi qu'ils sont traités? Quant aux patients âgés et souffrants, ils se sentent obligés de s'effacer, ne voulant pas être un fardeau pour les autres. Comment en sont-ils arrivés là? Peut-être sont-ils amenés à ressentir cela par leurs propres « proches », qui leur font comprendre qu'ils sont effectivement un fardeau pour leurs enfants et petits-enfants, en leur laissant entendre que la vie serait meilleure s'ils n'étaient pas là. Comme le dit si bien Human Life International,[11] ,

---

[10] https://www.thestar.com/news/investigations/surge-in-medically-assisted-deaths-under-canada-s-maid-program-outpaces-every-other-country/article

[11] https://www.hli.org/

une organisation pro-vie dont je parlerai plus loin: « *Prendre soin de nos proches signifie que nous ne devons jamais leur laisser croire qu'ils sont un fardeau. Prendre soin d'eux signifie que nous devons voir le visage du Christ en eux. Cela signifie que nous devons les voir à travers les yeux du Christ et refléter l'amour du Christ.*[12] Nous devrions tous être conscients des dangers de l'égoïsme et du manque d'amour envers les autres; on récolte généralement ce que l'on sème.

En ce qui concerne la prépondérance de l'euthanasie et des morts assistées, ces préoccupations légitimes ne sont pas propres au Canada; les Américains prennent note de ce qui se passe chez leur voisin du nord. Ils expriment également leur inquiétude face à la spirale ascendante de l'euthanasie généralisée au Canada. Le Washington Examiner a publié un rapport approfondi sur cette question, affirmant notamment que: « *Cela serait déjà très préoccupant en soi. Mais cela est aggravé par les reportages réalisés par des personnes telles que Alexander Raikin, dont l'article alarmant a révélé*[13] *comment le programme d'aide médicale à mourir profite des personnes en situation de pauvreté. D'autres reportages*[14] *ont révélé que les médecins canadiens abordent le sujet du suicide assisté avant même que leurs patients ne le fassent.* [15]*Il semble y avoir un enthousiasme certain chez ceux qui promeuvent l'aide médicale à mourir.* Raikin s'est entretenu

---

[12] https://www.hli.org/resources/bible-verses-about-euthanasia/

[13] https://www.thenewatlantis.com/publications/no-other-options

[14] https://nationalpost.com/news/canada/canada-maid-medical-aid-in-dying-consent-doctors

[15] https://nationalpost.com/news/canada/woman-euthanasia-commercial-wanted-to-live

Chapitre 11 : Sur l'euthanasie et le suicide assisté

avec une médecin qui a pratiqué plus de 300 suicides assistés et qui estime que « le fait d'offrir la possibilité d'une mort assistée est l'une des choses les plus thérapeutiques que nous faisons ». Une publicité de trois minutes intitulée « All is Beauty » (Tout est beauté), qui commençait par la légende « la plus belle sortie », glorifiait le suicide assisté. Il s'est avéré par la suite que la femme qui y figurait, euthanasiée quelques jours plus tard, ne souhaitait pas réellement mourir, mais estimait qu'elle n'avait pas d'autre choix.[16] Ce type de « publicité » en faveur de l'euthanasie s'inscrit dans la tendance sociale qui consiste à utiliser le langage comme un outil d'influence pour faire avancer le programme en faveur de l'euthanasie, en endoctrinant la société pour lui faire croire que l'euthanasie est une bonne chose et souhaitable. L'ingénierie verbale et l'ingénierie sociale sont exactement ce qui se passe pour tous les autres concepts sociaux actuellement défendus: l'identité du genre, les questions LGBTQ, l'avortement, le féminisme, la contraception et la liberté sexuelle. Ruth Marker, directrice exécutive de l'International Anti-Euthanasia Task Force[17] et auteure de *Deadly Compassion, c'est-à-dire la compassion mortelle* (Wm. Morrow & Co.), a déclaré un jour que « *toute ingénierie sociale est précédée d'une ingénierie verbale* ».[18] En 1996, elle a écrit un article complet intitulé « The Art of Verbal Engineering » (L'art de l'ingénierie verbale)[19] avec Wesley J. Smith, pour la Duquesne

---

[16] https://www.washingtonexaminer.com/opinion/2585777/canadas-disturbing-assisted-suicide-experiment-is-going-to-get-much-worse/

[17] https://uia.org/s/or/en/1100054795

[18] https://faithandreason.com/episodes/do-you-hate-me/

[19] https://dsc.duq.edu/cgi/viewcontent.cgi?article=3087&context=dlr

Law Review, sur le thème de l'euthanasie et de l'aide à mourir. Ce qui était autrefois considéré comme inacceptable est lentement, mais sûrement, devenu admissible, en grande partie grâce à l'adoucissement du langage, à la redéfinition de certains mots et à une dose importante d'euphémismes. En d'autres termes, le langage a été manipulé pour créer une nouvelle construction sociale qui accepte le meurtre de nos semblables au nom de la compassion et rejette l'idée que Dieu décide quand notre temps sur terre est écoulé.

Il existe de nombreux cas dans le monde entier où des abus sont commis au nom de l'aide à mourir. Un exemple typique est celui de Tom Mortier, qui lutte contre le système belge d'euthanasie. Sa mère, âgée de 64 ans, souffrait de dépression. Il a eu le choc de sa vie lorsqu'il s'est rendu à l'hôpital pour sa visite régulière et qu'il a appris qu'elle avait été euthanasiée. L'Alliance Defending Freedom International (ADF)[20] a pris en charge le dossier de Mortier: « *STRASBOURG (4 octobre 2022) – Dans une affaire majeure concernant le droit à la vie, la Cour européenne des droits de l'homme a donné raison à Tom Mortier, fils de Godelieva de Troyer, décédée par injection létale en 2012, à l'âge de 64 ans. Son euthanasie a été pratiquée sur la base d'un diagnostic de « dépression incurable ». Dans l'affaire Mortier c. Belgique, la Cour a estimé que la Belgique avait violé la Convention européenne des droits de l'homme en ne parvenant pas à examiner correctement les circonstances alarmantes qui ont conduit à son euthanasie. La Cour a estimé qu'il y avait violation de l'article 2 de la Convention européenne des droits de l'homme, selon lequel le*

---

[20] https://adfinternational.org/about-us/

droit de toute personne à la vie doit être protégé par la loi. Cet arrêt concernait la manière dont les faits entourant l'euthanasie de Mme de Troyer avaient été traités par la Commission fédérale belge de contrôle et d'évaluation de l'euthanasie... »[21] Même si Tom Mortier a gagné son procès, il ne retrouvera jamais sa mère.

Le fléau de l'euthanasie continue de sévir partout dans le monde. Human Life International[22] est une organisation pro-vie qui œuvre à la construction d'une société où chaque vie est sacrée. Elle dispose également d'un site web dédié à l'éradication du meurtre légalisé, basé sur l'enseignement de l'Église catholique: « ... *quel que soit le nom que lui donne le monde séculier, ôter la vie d'une personne innocente - malade, âgée, handicapée ou autre - est à la fois mauvais et immoral. Nous le savons parce que le Catéchisme de l'Église catholique enseigne que* « *quels que soient ses motifs et ses moyens, l'euthanasie directe consiste à mettre fin à la vie des personnes handicapées, malades ou mourantes. Elle est moralement inacceptable* ». *Il enseigne en outre que* « *ceux dont la vie est diminuée ou affaiblie méritent un respect particulier* » *(2277).*[23] Il est important que chacun s'informe et se sensibilise à cette question particulière, étant donné que personne ne peut échapper à la mort; elle surviendra tôt ou tard, sous une forme ou une autre. Nous devons préserver la dignité de toute vie humaine et ne pas céder à l'idée que nous ne sommes qu'une simple marchandise dont on peut disposer au gré d'une société qui

---

[21] https://adfinternational.org/news/tom-mortier-ruling
[22] https://www.hli.org/
[23] https://www.hli.org/resources/bible-verses-about-euthanasia/

juge que notre vie ne vaut plus la peine d'être vécue. C'est Dieu qui décide en dernier ressort, pas nous.

Conclusion

Dimanche soir. Les derniers jours de l'été.

Me voici, assis devant mon petit ordinateur. Ce qui avait commencé comme un projet visant à coucher mes pensées sur papier a abouti à onze chapitres consacrés aux questions brûlantes de notre époque. Tout le monde semble prendre parti sur des questions de liberté individuelle qui touchent l'humanité tout entière. Les choix personnels que nous faisons ont une incidence sur la société, qu'il s'agisse de l'orientation sexuelle, de la contraception et de l'avortement, du mariage et des enfants, de la vie et de la mort, de la liberté sexuelle, etc… Partout dans le monde, chacun revendique tel ou tel droit. La société a considérablement changé au cours des soixante dernières années, mais pas nécessairement pour le mieux à bien des égards.

Franchement, je crois qu'un retour aux valeurs traditionnelles et religieuses pourrait aider à endiguer la vague d'autodestruction qui semble être la voie empruntée par l'humanité à ce moment de l'histoire. Le paysage idéologique et la culture actuels, marqués par les homosexuels, les transgenres, la contraception, l'avortement, la liberté sexuelle sans enfants, l'adultère, l'euthanasie et l'athéisme, ne mènent pas à la procréation, mais à l'autodestruction.

Je pense que tout se résume à une observation très simple, exprimée par l'un des diacres de ma paroisse lors de la messe dominicale de ce matin: qui choisirez-vous de suivre? La société ou Dieu?

D'après ce que je peux en juger, la société rejette Dieu et veut construire sa propre réalité subjective. Pour ma part, je veux vivre dans une réalité objective, fondée sur la vérité biologique et la révélation divine. Donc, je choisis de suivre Dieu.

www.ingramcontent.com/pod-product-compliance
Lightning Source LLC
LaVergne TN
LVHW051832080426
835512LV00018B/2825